国家文物局
主 编

中国

2023

重要考古发现

文物出版社
2024·5

图书在版编目（CIP）数据

2023 中国重要考古发现 ／ 国家文物局主编 ． -- 北京 ：
文物出版社，2024.5
ISBN 978-7-5010-8422-7

Ⅰ．① 2… Ⅱ．①国… Ⅲ．①考古发现－中国－
2023　Ⅳ．① K87

中国国家版本馆 CIP 数据核字 (2024) 第 086767 号

2023 中国重要考古发现

主　　编：国家文物局

责任编辑：吴　然
　　　　　戴　茜

英文翻译：潘　攀

书籍设计：特木热

责任印制：张　丽

出版发行：文物出版社

社　　址：北京市东城区东直门内北小街 2 号楼

邮　　编：100007

网　　址：http://www.wenwu.com

经　　销：新华书店

印　　刷：北京荣宝艺品印刷有限公司

开　　本：787mm × 1092mm　1/16

印　　张：12

版　　次：2024 年 5 月第 1 版

印　　次：2024 年 5 月第 1 次印刷

书　　号：ISBN 978-7-5010-8422-7

定　　价：98.00 元

*National Cultural
Heritage Administration*

MAJOR ARCHAEOLOGICAL
DISCOVERIES IN

Cultural Relics Press

Beijing 2024

编辑委员会

协作单位

国家文物局考古研究中心

中国社会科学院考古研究所

中国科学院古脊椎动物与古人类研究所

北京大学考古文博学院

河北省文物考古研究院

山西省考古研究院

南京博物院

南京市考古研究院

南京大学

浙江省文物考古研究所

山东省文物考古研究院

郑州市文物考古研究院

洛阳市考古研究院

开封市文物考古研究院

湖北省文物考古研究院

湖南省文物考古研究院

重庆市文物考古研究院

四川省文物考古研究院

云南省文物考古研究所

西安市文物保护考古研究院

青海省文物考古研究院

目 录 CONTENTS

前言 PREFACE

2023 年，是全面贯彻党的二十大精神的开局之年，也是"十四五"规划各项任务深入推进的攻坚时期。6 月 2 日，习近平总书记出席文化传承发展座谈会并发表重要讲话，系统阐述了中华文明的"五个突出特性"，深刻阐释了"两个结合"的重大意义，强调要坚定文化自信、秉持开放包容、坚持守正创新，更好担负起新的文化使命。2023 年，全体考古工作者躬耕田野、求实创新，努力以考古实证中华文明的"五个突出特性"，取得了一列重要发现、突出成果。

旧石器时代考古在旧石器中晚期和旧、新石器过渡阶段取得重大突破。西藏革吉梅龙达普遗址是青藏高原腹地发掘的首个史前洞穴遗址，多个时期的人类活动遗存生动反映了古人类拓殖高寒高海拔地区的艰辛历程，对于讨论极端高寒环境中早期人类的适应方式、文化特征等问题具有重要价值。四川资阳濛溪河遗址堆积连续且丰富，遗址饱水环境下保留了大量动植物遗存、石器、骨器、木器，投射出在现代人起源与扩散阶段，四川盆地中古人类利用自然资源的真实图景。山东临淄赵家徐姚遗址发现了大面积、多频次的红烧土堆积，出土了丰富的动植物遗存，初步判断为一处古人类活动营地，为认识临淄地区旧石器至新石器时代人类行为模式、有意识埋藏行为及北方早期旱作农业起源等专题提供了重要样本。河北尚义四台遗址实证了北方地区早期定居村落的出现，展现出人类生存方式从旧石器时代的流动性栖居到新石器时代早期逐渐定居的发展转变，展现了中国北方旧、新石器时代过渡时期人类的生存模式。

新石器时代考古收获丰硕，文明起源阶段的重点区域研究新成果不断涌现。安徽郎溪磨盘山遗址是一处从马家浜文化时期延续至商周时期的中心性聚落，完善了长江中下游地区先秦时期的文化序列，对认识皖南地区史前社会复杂化和文明化进程、夏商时期文化交流具有重要意义。江苏常州寺墩遗址展现了太湖地区崧泽文化向良渚文化转变过程中的文化与聚落变迁，生动反映了太湖地区的史前社会复杂化进程。湖北荆门屈家岭遗址新发现迄今规模最大的油子岭文化聚落和大型水利工程设施。湖南澧县孙家岗遗址厘清了大型公共建筑的营建过程和房屋布局。青海同德宗日遗址东四台地的发掘，表明该处居址历经宗日文化、齐家文化和卡约文化，揭示了早期人类适应并改造自然环境的生存模式。

夏商周时期考古成绩斐然。浙江湖州毘山遗址揭露一处有多座大型建筑基址的新石器至夏商时期中心聚落，填补了环太湖地区先秦考古学文化谱系空白。河南郑州商都书院街商代墓地发现密集的二里岗上层至白家庄阶段的高等级墓葬，进一步丰富了对商代中期丧葬礼仪制度和郑州商城聚落结构布局内涵的认识。湖南汨罗黑鱼岭墓地发现一批商代晚期墓葬，排列规律，为认识洞庭湖东岸地区商代青铜器提供了考古学背景支撑。陕西宝鸡周原遗址发掘两处先周时期大型建筑基址，廓清了西周时期的两重城垣布局结构，为进一步探索遗址先周遗存内涵及西周时期聚落形态提供了新资料。云南维西吉岔遗址揭露出一处从青铜时代延续至铁器时代的聚落，发现完整冶金生产链，是研究滇西北地区考古学年代框架和社会结构的重要参照。

历史时期考古继续围绕统一多民族国家历史进程研究深化拓展。重庆武隆关口一号墓是截至目前西南地区发现最为完整的西汉早期木椁墓，是汉文化与巴、蜀、楚、秦文化交汇融合的重要实证。河北邺城遗址核桃园北齐佛寺基本确认为皇家寺院大庄严寺，在中轴线建筑外还发现多个附属的独立院落基址。云南太和城遗址揭露出一处大理国中晚期多次改建重建的建筑基址，为研究南诏大理国建筑历史沿革和功能性质变化奠定了良好基础。山西霍州陈村瓷窑址厘清了从宋元至明清各时期窑址生产产品的面貌及技术特点，勾勒出山西地区汾河流域陶瓷文化发展脉络。内蒙古辽上京遗址首次发现皇城内部大型南向建筑，规模超过了目前发掘所见的辽代宫城内宫殿建筑，对认识辽上京城址布局在辽、金两代的沿革具有重要意义。

水下考古亮点纷呈。福建漳州圣杯屿沉船发现极为丰富的龙泉窑瓷器，重现了元代龙泉青瓷外销和海上丝绸之路文化交流互鉴的繁荣景象。山东威海来远舰遗址出水刻有"来远"舰名的银勺和写有"来远"水手姓名的身份木牌，以及大量武器弹药、生活用品等，对于推进甲午海战历史研究具有重要价值。

本书精心撷取 2023 年的 30 项重要考古成果与研究进展，涉及的时间跨度极广，从距今 5 万年攀登高原、坚韧不拔的远古先民，至近代中国甲午海战的硝烟炮火和卫国英雄，重现历史图景，彰显文化底蕴，不乏新的发现与启示，具有重要的学术意义。希望本书的编辑出版，既能为考古学专业学生和研究人员提供最新的前沿研究，也能向公众展现考古的魅力，认识中华文明起源与发展的历史脉络，推动考古成果挖掘、整理、阐释、转化，丰富全社会历史文化滋养。

2024 年是中华人民共和国成立 75 周年，是实现"十四五"规划目标任务的关键一年。全体考古工作者将坚定"大考古"的工作思路，树立大格局、拓展大视野、谋求大发展，奋发踔厉，积极进取，努力建设中国特色中国风格中国气派的考古学！

山东临淄

赵家徐姚遗址2023年发掘收获

EXCAVATION RESULTS OF THE ZHAOJIAXUYAO SITE IN LINZI, SHANDONG IN 2023

赵家徐姚遗址位于山东省淄博市临淄区，地处鲁中泰沂山地向鲁北冲积平原的过渡地带、海岱腹地，是一处面积较大的红烧土堆积遗存。

遗址地层自上而下分为 17 层。第①层为近现代表土层，第②层为汉代至宋元文化层，第③层为全新世古土壤层，第①～③层对应全新世。第④～⑯层为以粉砂和黏土互层为特征的冲积扇前缘洪泛韵律沉积物，与末次冰期气候波动的冷暖周期相互关联。第⑰层及以下为带有锈斑的黄土状沉积物，与博林（BA）暖期相对应。

2022 年，山东省文物考古研究院对该遗址进行了发掘，确认其中一处为距今约 1.32 万年的古人活动营地（第 1 地点），保存完整。2023 年，山东省文物考古研究院在第 1 地点西北约 450 米

的陈家西北墓地（第 2 地点）及营地西侧 300 米的陈家西墓地（第 3 地点）进行发掘。

在第 2 地点发掘区东北角第⑨层（韵律层中上部）发现一处树桩烧坑，其内埋藏一具蜷曲的人类骨骼，距今 1.3 万～1.28 万年，线粒体 DNA 测试初步结果显示，其为来自东北亚的女性个体。目前已完成人骨整体提取工作，在实验室进行更为精细的发掘，以了解其埋藏过程，体质人类学特征鉴定和测试工作也在有序进行。该人类骨骼的发现，填补了我国古人类化石标本库的空缺，对探讨现代人群的南北分化进程具有重要意义。

在第 2 地点第⑮层（韵律层下部）发现埋藏于树桩烧坑内的完整哺乳动物个体，整体保存较好，初步鉴定为幼年梅花鹿，应为人类有意识埋

淄河　第1地点　第3地点　第2地点

入。树桩烧坑底部曾进行过清理，其外侧有大量烧灰和木炭杂乱堆积，应为清理烧坑所致。该动物骨骼的发现，为判断韵律层中的红烧土遗存性质及探索旧、新石器时代过渡阶段人类与自然的互动模式提供了重要参考。

在第 2 地点第⑰层发现一处古人活动营地，分布面积逾 1600 平方米。2023 年度初步发掘面积约 60 平方米，发现火塘 4 个，表面均富集厚厚的青灰色烧灰。遗物围绕火塘分布，共出土 2300 余件，包括陶器、石器、动物骨骼及蚌制品。陶器多见口沿、腹部残片，以夹有机质的磨光陶为主，工艺特征与第 1 地点出土陶器大体一致。部分陶片表面夹有少量细砂，相对于第 1 地点出土陶器较为粗糙。口沿截面呈 T 形，内敛，整器器形应为敛口盆形器。石器 200 余件，以硅质灰岩为主，少量为燧石、石英、水晶，见有砸击石核、刮削器、石片工具、石叶、断块以及碎屑等。动物骨骼 2000 余件，整体较为破碎，与第 1 地点出土动物骨骼相比，大型动物的比例更高，动物种属包括鹿、牛、兔、鸟等。骨骼多经烧烤，整体风化差异大，风化程度高，表明曾经历长时间的

地层剖面
Stratigraphic Profile

第 3 地点红烧土遗存正射影像
Orthophotograph of the Red Scorched Earth Remains at Location 3

人类活动和暴露。蚌制品 100 余件。目前已选取火塘内的炭样及部分动物骨骼进行 ^{14}C 测年，根据地层学及出土陶器判断，该营地年代应早于第 1 地点。

在第 3 地点发现一条开口于第⑭层下的古河道。该河道呈西北—东南走向，长约 80、宽约 30 米。河道两岸及底部发现大范围、连续分布的红烧土堆积，集中分布区域达 650 平方米。河道西北部的红烧土堆积保存最好，堆积最厚，最厚处可达 1 米。红烧土大部分为原生堆积，少部分红烧土属于次生堆积。次生堆积红烧土呈团块状，初步判断与人类活动关系密切。

此外，本年度考古工作在植物考古方面也有重要突破。对第 1 地点出土陶片进行微 CT 扫描，发现黍亚科种子桴壳，并浮选发现少量早熟禾种子，展现了古人对禾本科植物的利用。在第 2 地点随机选取的 6 升土样中发现 60 余粒植物种子，与骨骼碎屑同出，其中大植物遗存丰富，包括豆

第 3 地点红烧土遗存
Red Scorched Earth Remains at Location 3

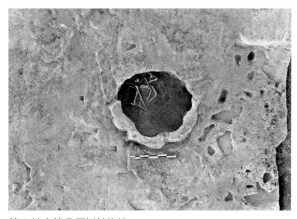

第 2 地点第⑮层树桩烧坑
Tree Stump Fire Pit in Layer 15, Location 2

第 2 地点第⑮层树桩烧坑内鹿骨
Deer Bones in the Tree Stump Fire Pit in Layer 15, Location 2

第 2 地点第⑰层火塘
Hearth in Layer 17, Location 2

第 2 地点第⑰层火塘
Hearth in Layer 17, Location 2

第 2 地点出土人骨
Human Bones Unearthed from Location 2

第 2 地点第⑰层出土器物
Artifact Unearthed from Layer 17, Location 2

第 2 地点第⑰层出土器物
Artifact Unearthed from Layer 17, Location 2

科、茄科、禾本科等。野生大豆的发现尤为重要，这是目前所见最早的利用野生大豆的实物证据，对于探索豆类起源及利用具有重要价值。本年度在植物考古方面取得的收获，为探索中国北方旱作农业起源（粟黍类、豆类）和浆果类利用的历史提供了早期证据。

赵家徐姚遗址第 2、3 地点的发现是旧、新石器时代过渡阶段考古的重大突破，是理解陶器起源、农业起源、人类演化、石器生产的全新材料。新的发现进一步证明大面积、多频次的红烧土堆积与人的行为有直接关联，提供了世界范围内旧、新石器时代过渡的一种全新模式。第 2 地点第⑰层的人类活动遗存正处于地貌环境变迁的起点，人类活动方式变化与环境

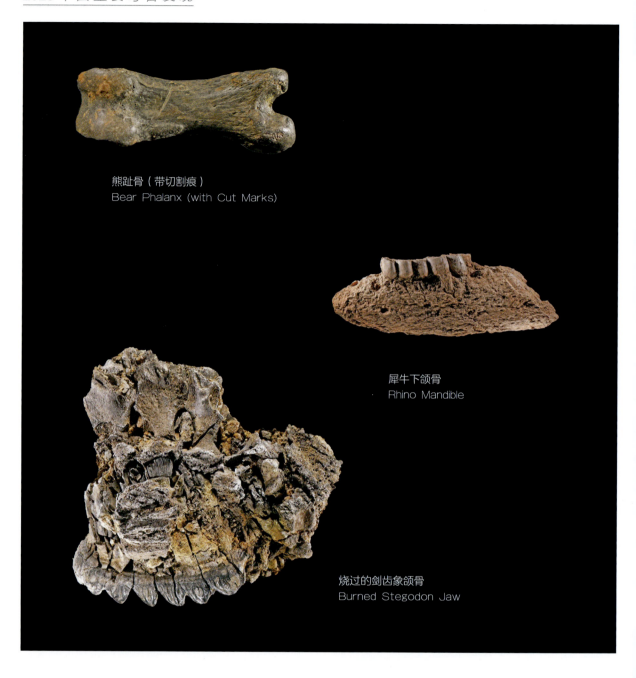

熊趾骨（带切割痕）
Bear Phalanx (with Cut Marks)

犀牛下颌骨
Rhino Mandible

烧过的剑齿象颌骨
Burned Stegodon Jaw

The Mengxi River Site is located in Ziyang City, Sichuan Province. In 2023, the Sichuan Provincial Institute of Cultural Relics and Archaeology and others excavated the site and unearthed considerable artifacts and remains, including over 100,000 stone tools and animal fossils, over 60,000 plant remains, as well as bone and wooden tools. The site dates back to 70,000 to 50,000 years ago, a critical stage in the origin and spread of modern humans. The discovery provides vital node information for studying major global academic issues such as how early humans processed and utilized organic materials, the "broad spectrum" of plants and animals, the emergence of art and the evolution of technology and cognitive skills, and the origin and spread of modern humans, embodying scientific values and international significances.

西藏革吉
梅龙达普史前洞穴遗址

MERUNGDAP PREHISTORIC CAVE SITE IN GÊ'GYAI COUNTY, TIBET

梅龙达普洞穴遗址位于西藏自治区阿里地区革吉县城南约 30 公里的森格藏布（狮泉河上游名称，境外部分名为印度河）左岸，地处石灰岩山体上，海拔 4700 米，洞口位置高出狮泉河平面 104 米。梅龙达普藏语意为"腰间的镜子"，遗址由一字排开的三个独立洞穴组成。一号洞洞口朝南，规模宏大，面积逾 1000 平方米，主体堆积由外向内倾斜，从中部到后部形成一个陡坡，最大落差近 5 米；二号洞洞口朝东南，规模较小，面积约 60 平方米，堆积基本水平，由内向外略倾斜；三号洞洞口朝南，规模最小，面积约 25 平方米。

该洞穴的史前文化遗存于 2018 年 7 月在西藏自治区文物保护研究所和中国科学院古脊椎动物与古人类研究所联合组织的旧石器考古调查中发现，属青藏高原腹地发现的首个史前洞穴遗址，也是世界范围内海拔最高的超大型史前洞穴遗址。经国家文物局批准，2018～2023 年，考古队连续开展了 6 个年度的正式考古发掘。目前梅龙达普一、二号洞已出土旧石器时代至早期金属时代各类文化遗物逾万件，包括石制品、骨制品、陶片、青铜器、动物骨骼、植物遗存等。一号洞洞壁还发现排列有序的竖条纹、人形轮廓、手掌以及太阳等以红色赭石绘制的岩画。发掘期间，考古队对遗址所处的革吉盆地进行了系统调查，目前已发现旷野旧石器地点 30 余处、洞穴地点 6 处，采集到数以千计的石制品，另外还有 5 处洞穴岩画遗存，显示以梅龙达普洞穴遗址为核心的遗址群代表了该区域长时期、大规模的人类活动历史。

发掘严格遵循《田野考古操作规程》，同时参照旧石器考古野外工作方法，布设 1 米 × 1 米探方，以自然层为基础，在自然层内按照 0.02～0.05 米的水平层逐层发掘。记录所有遗物和遗迹的空间坐标，对洞穴规模与形制、重要遗迹与地层进行多视角三维重建，并对所有发掘出土的堆积进行细筛和浮选。

截至 2023 年田野工作结束，梅龙达普洞穴遗址共发掘 10 个探方，在一号洞和二号洞不同部位揭露出三套文化遗存（三号洞尚未进行考古发

遗址发掘现场
Excavation Site

掘）。根据地层堆积、初步 ^{14}C 和光释光测年结果、石制品技术特点等因素综合判断，一号洞中后部、二号洞和一号洞洞口部位的堆积分别代表由早至晚的三期人类占据洞穴历史。

第一期遗存分布于一号洞中后部。主探方 T8 发掘面积 64 平方米，发掘至底部巨大灰岩角砾石层，深度为 7.4 米，主文化层距地表 2.7~6.6 米。主要文化遗存包括石制品 599 件和动物化石 1017 件。石制品为英安岩制作的石核—石片技术产品，尺寸偏大、石核利用率低、修治较为粗糙，呈现出较早阶段石核—石片技术打制石器的特点。动物化石数量大、保存佳，其中以有蹄类动物骨骼为主。较多的标本表面可见明确的石制品切割痕迹，为探讨早期人类的生计模式提供了珍贵材料。根据石制品所反映的技术特点判断，该处遗存应早于二号洞堆积的年代，初步 ^{14}C 和光释光测年数据显示该期遗存距今 5.3 万年。

第二期遗存分布于二号洞。主探方 T1 发掘面积 12 平方米，已发掘至基岩，深度为 2.2 米，文化层底部距地表 1.5 米。主要文化遗存为石制品 8136 件、动物化石 952 件，此外还出土少量动物粪便和植物遗存。石制品整体尺寸较小，主要为石核—石片技术生产的打制石器，原料以英安岩为主。石器组合完整，存在大量碎屑；石片形状不规则；工具多以较厚的石片为毛坯，进行精致修理，刃缘较陡。器物类型丰富，包括刮削器、尖状器、凹缺器、钻器等。根据初步 ^{14}C 和光释光测年结果，二号洞主文化层不晚于距今 4.5 万年。

第三期遗存分布于一号洞洞口。主探方 T3 发掘面积为 10 平方米，发掘至底部大角砾层，深度达 7 米，文化层底部距地表 1.5 米。主要文化遗存为石制品 1170 件、陶片 622 件和动物碎骨 4350 件，同时还出土骨柄石刃刀、骨针、青铜小件、网坠等。根据 ^{14}C 测年数据，主文化层距今 4000~3000 年，顶部层位距今 1000 年。打制石器以使用压制技术剥片的细石器为主要特征，含锥形和半锥形细石核、细石叶以及精致加工的边刮器、端刮器等。石料多见优质的燧石、玛瑙和黑曜石。出土陶器可分两组，第一组是在黄褐陶上饰红彩、黑彩的彩陶器，第二组为施刻划纹、圆圈纹、戳印纹、弦纹、篦点纹等的灰褐陶。可辨器形主要有喇叭口器、侈口罐、直口罐、圜底器、浅饼足碗和一件疑似尖底器。串珠、骨针、网坠、鱼骨

一号洞中后部鹿角化石出土情况
Antler Fossil Unearthed from the Middle and Rear of Cave 1 in Situ

二号洞标本出土情况
Specimens Unearthed from Cave 2 in Situ

二号洞动物粪便出土情况
Animal Feces Unearthed from Cave 2 in Situ

二号洞石核出土情况
Stone Core Unearthed from Cave 2 in Situ

一号洞洞口骨柄石刃刀出土情况
Knife with Stone Edge and Bone Handle Unearthed from the Entrance of Cave 1 in Situ

一号洞洞口细石核出土情况
Fine Stone Core Unearthed from the Entrance of Cave 1 in Situ

一号洞洞口用火遗迹
Remains of Fire-use at the Entrance of Cave 1

一号洞洞壁岩画
Cave Paintings in Cave 1

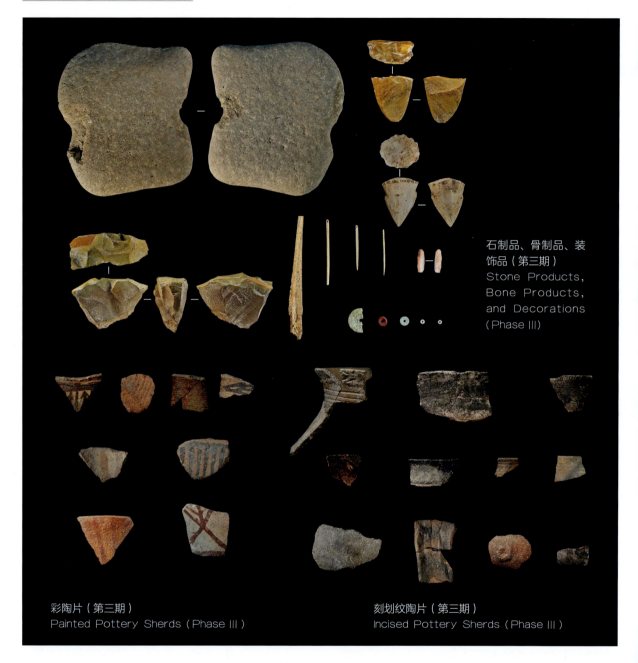

石制品、骨制品、装饰品（第三期）
Stone Products, Bone Products, and Decorations (Phase III)

彩陶片（第三期）
Painted Pottery Sherds (Phase III)

刻划纹陶片（第三期）
Incised Pottery Sherds (Phase III)

The Merungdap Cave Site is located at an altitude of 4,700 m in Gê'gyai County, Ngari Prefecture of the Tibet Autonomous Region, comprises three independent caves lined up in a row. From 2018 to 2023, the Tibetan Cultural Relics Conservation Institute, along with the Institute of Vertebrate Paleontology and Paleoanthropology, Chinese Academy of Sciences, excavated the caves. More than 10,000 cultural relics dating from the Paleolithic Age to the Early Metal Age have been unearthed from Caves 1 and 2, including stone and bone products, pottery sherds, bronzes, animal bones, and plant remains. In addition, red ocher cave paintings, involving patterns of vertical stripes, human contours, hand palms, and the sun, were discovered on the walls of Cave 1. Accumulations can be divided into three phases, dating back to 50,000, 45,000, and 4,000 to 3,000 years ago, respectively. It is the first extra-large prehistoric cave site discovered in the hinterland of the Qinghai-Tibet Plateau, offering important materials for studying environmental changes, prehistoric human-environmental relationships, human adaptations, and cultural exchanges in this region.

河北尚义
四台新石器时代遗址

SITAI NEOLITHIC SITE IN SHANGYI, HEBEI

四台遗址位于河北省张家口市尚义县石井乡四台蒙古营村南，地处蒙古高原南部边缘地带，面积约 15 万平方米。遗址发现于 2004 年，2020～2023 年，河北省文物考古研究院等单位对遗址开展了主动性考古发掘和研究，2023 年，该遗址被纳入"考古中国"重大项目。

目前主要发现了距今 10400～6400 年的五组文化遗存，清理房址 50 余座，出土陶、石、骨、贝类遗物 1500 余件。依据地层、测年、遗存特征，将其分为四期。第一期遗存，距今 10400～9000 年，发现包含旧、新石器时代过渡因素的新石器时代早期遗存，以戳印纹陶器、板状器、细石器、研磨器为典型遗物，初步辨识为一支新的考古学文化——四台文化。第二期遗存，距今 7700～7400 年，发现陶素面小平底筒形罐、大口鼓腹筒形罐和石铲等新石器时代中期遗存，与第一期遗存及周边考古学文化相比较，呈现出新的文化因素，且农业因素突出，暂称为四台二期遗存。第三期

遗存，距今 7300～7100 年，发现典型的裕民文化遗迹、遗物，是内蒙古高原最南部的裕民文化遗存。第四期遗存，距今 6800～6400 年，发现以陶大口尖圜底罐为代表的遗存，显示出其与北方的文化交流与互动。四期遗存中，以第一期遗存最为重要，第二期遗存旱作农业因素最为突出。

第一期遗存，发现 10 余座聚集而居的半地穴式房址，面积 7～12 平方米。房址平面近方形或长方形，穴壁极不规则，柱洞多围绕穴壁分布，未发现门道。地面皆四周高、中间凹。灶多为偏向房址一侧的地面灰烬堆积。发现双间排房，呈西北—东南向，北室与南室通过中部的过道连通成排，过道底部残留踩踏面。房址内出土打制石器、磨制石器、动物骨骼以及陶、骨、角器等。打制石器有刮削器、砍砸器等，细石器多为锥形细石核、楔形细石核、细石叶以及楔形石核和预制石核毛坯，工艺成熟，原料多为燧石、玛瑙等。磨制石器主要为研磨器、磨盘、磨棒、磨杵。

F1（第一期）
House Foundation F1 (Phase I)

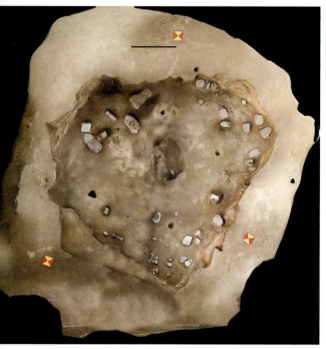

F4（第二期）
House Foundation F4 (Phase II)

陶器多为残片，火候低，多夹砂或石英，陶色呈灰黑或灰褐色，纹饰有戳印圆圈纹、折线纹、划纹、网格纹，器形有平底罐、尖底罐、板状器等。2020F8 内出土的陶筒形罐残片，饰两段式纹饰，上部饰半圆弧状戳印纹 6 周，下部饰刻划菱形网格纹。发现较多骨针、骨锥、骨簪及动物骨骼等。

美国贝塔放射性实验室对第一期遗存房址中出土的木炭、动物骨骼进行了 ^{14}C 年代测定，获

得 25 个万年左右和 15 个 9000 余年的系列测年数据；河北师范大学对第一期遗存出土典型陶器进行光释光测年，获得 4 个万年左右的数据。浮选发现蒿属、蓼属、藜属、禾本科、菊科植物和橡子等炭化颗粒及微体遗存。花粉组合指示这一时期是稀疏森林—草原植被景观，气候温凉偏干，食草类动物在周围活动频繁。初步鉴定动物骨骼种类有蚌、螺、蛙、鱼、雉、鸟、鼢鼠、田鼠、野兔、刺猬、犬、狼、熊、小型猫科、黄鼬、獾、梅花鹿、马鹿、狍子、麝、野马、野牛、野猪等，犬可能存在家养。

第二期遗存，发现 17 座半地穴房址，成排分布，面积 8～12 平方米。房址平面多为圆角方形和圆角长方形，柱洞围绕穴壁分布。个别房址发现东南向短斜坡门道、壁龛和多个灶，灶多位于房址中部。5 座房址地面发现数量不等的人骨。房址地面上多留有陶、石、骨、角、贝、玉器及少量动物骨骼等遗物。陶器主要为夹砂素面小平底筒形罐、大口筒形罐。石器分为打制石器和磨制石器，打制石器主要为石球，有的局部磨光；磨制石器有磨盘、磨棒、磨杵、有肩石铲、穿孔饼形器等。骨、角、贝、玉器除常见的骨针、骨锥、角锥外，还有单刃、双刃嵌石叶骨刀及有孔发声器等，还有部分穿孔贝饰、玛瑙珠等饰品以及玉玦。第二期遗存中浮选出炭化的粟、黍颗粒，还发现驯化的粟、黍淀粉粒。

四台遗址万年前后的房址，展现出四台先民稳定的定居方式，形成北方地区目前发现最早的定居村落。其文化面貌反映出的区域特征，突破了以往我国北方区域考古学文化的认识，是探索中国北方走向农耕定居的新石器时代早期文化格局、旱作农业起源和旧、新石器时代过渡的关键性发现之一，具有重要意义。

第一，构建了旧、新石器时代过渡时期的完整证据链。万年房址的发现，标志着人类从流动性生活方式向定居形态转变，人类生业方式发生重大变革，房址结构和出土陶器、石器等都呈现出连续的发展过程。房址中发现的舌形毛坯料、楔形石核、锥状石核、细石叶，完整地展现了由楔形石核到锥状石核的发展过程。四台遗址上承距今 1.6 万～0.8 万年且发现较多楔形石核及较少锥形石核的于家沟遗址，下启发现较多锥形石核的黑土坡遗址，成为两个遗址之间细石器转变的

关键一环。四台遗址细石器工业继承发展自泥河湾盆地万余年的楔形细石核技术传统，表现出文化与人群的发展连续性，为中国北方旧、新石器时代过渡研究提供了典型而直接的证据，实现了旧、新石器时代的无缝衔接。

第二，建立起燕辽文化区文化谱系。遗址第一期遗存地层关系清晰、测年数据连续，陶器的烧制及石器的压剥、打制技术成熟，细石器、板状器、戳印纹陶片的组合呈现出一种全新的文化面貌——四台文化。陶器戳印的"之"字纹、网格纹、涡点纹等与西辽河流域兴隆洼文化、太行山东麓易水流域的北福地遗址有相似的文化因素，四台遗址可能是"之"字纹、涡点纹等纹饰的源头之一。这些发现将燕山南北地区、长城沿线、辽西地区联系起来，形成"燕辽文化区"，为探讨中华文明的起源过程提供了一个全新的视角。

第三，实证我国北方旱作农业起源。第二期遗存中发现炭化粟与黍颗粒，是继东胡林、兴隆沟、兴隆遗址之后，再次发现粟、黍等植物遗存。遗址中发现大量的石磨盘、磨棒等研

陶尖底罐（第一期）
Pottery Jar with Pointed Bottom (Phase I)

磨加工工具和石铲类翻土工具，并有石斧等砍伐器具出土，结合淀粉粒、植硅体等微体遗存的综合分析，推测在距今 7700～7400 年，栽培农业已在该地区生产中占有一定地位。四台遗址第二期遗存为我国北方地区旱作农业起源增添了新的实证，对我国北方地区旱作农业起源研究起到了重要推动作用。

（供稿：赵战护　李军　龚湛清）

陶小平底筒形罐（第二期）
Cylindrical Pottery Jar with Small Flat Bottom (Phase II)

陶素面大口筒形罐（第二期）
Undecorated Cylindrical Pottery Jar with Wide Mouth (Phase II)

陶尖圜底罐（第四期）
Pottery Jar with Pointed Round Bottom (Phase IV)

橡子、粟、黍（第二期）
Acorns, Foxtail Millets, and Proso Millets (Phase II)

陶片（第一期）
Pottery Sherd (Phase I)

陶片（第一期）
Pottery Sherd (Phase I)

陶片（第一期）
Pottery Sherds (Phase I)

刮削器（第一期）
Scraper (Phase I)

预制舌形石核毛坯（第一期）
Prefabricated Blank of Tongue-
shaped Stone Core (Phase I)

楔形石核（第一期）
Wedge-shaped Stone
Core (Phase I)

细石叶（第一期）
Stone Bladelets (Phase I)

锥形细石核（第一期）
Cone-shaped Fine Stone
Core (Phase I)

锥形石核（第一期）
Cone-shaped Stone Cores (Phase I)

陶片（第一期）
Pottery Sherds (Phase I)

陶板状器残片（第一期）
Fragments of Plate-shaped Pottery (Phase I)

磨盘、磨棒（第二期）
Quern and Roller (Phase II)

骨项饰（第二期）
Bone Necklaces (Phase II)

石铲（第二期）
Stone Spade (Phase II)

石刃骨刀（第二期）
Bone Knife with Stone Edge (Phase II)

骨笛（第二期）
Bone Flute (Phase II)

玉玦（第二期）
Jade *Jue*–earring Ring (Phase II)

The Sitai Site is in the south of Sitai Mengguying Village, Shijing Township, Shangyi County, Zhangjiakou City, Hebei Province, covering an area of approximately 150,000 sq m. Discovered in 2004, and from 2020 to 2023, the Hebei Provincial Institute of Cultural Relics and Archaeology and others conducted active excavation and research of the site. Archaeologists found five groups of cultural remains of 10.4-6.4 ka BP, unearthed more than 50 house foundations and over 1,500 pieces of pottery, stone, bone, and shell objects; the first and second groups dating back to around 10,000 years ago being most noteworthy. The Sitai Site is a large and well-preserved site of the early and middle Neolithic age in northwest Hebei. It fills the gap in the discovery of early Neolithic culture in the Yan-Liao cultural region, and provides critical research materials to series of major issues such as the transition between the Paleolithic and Neolithic periods, the origin of dry farming, and regional cultural genealogy of northern China.

河北平泉
东山头遗址

DONGSHANTOU SITE IN PINGQUAN, HEBEI

东山头遗址位于河北省承德市平泉市台头山镇大营子村北，地处一座俗称为"东山头"的黄土小山顶部，东北距牛河梁遗址60公里。遗址发现于1990年，当时被认定为具有居住和祭祀两类遗存的红山文化遗址。2021年，国家文物局将"红山社会文明化进程研究项目"纳入"考古中国"重大项目，该遗址被列为近期（2022～2025年）发掘项目。2022～2023年，经国家文物局批准，河北省文物考古研究院、承德市田野考古队、平泉市文物保管所组成联合考古队，对遗址进行了发掘。

2022年，对位于丘陵顶部中心的祭祀区核心进行了发掘，发掘面积500平方米。揭露祭祀遗迹一处，自下而上可分为3层。最下为生土层，中心建有方形石围，内部有圆形祭坛，周围分布有石棺墓和船形石块堆积、长方形石块堆积等。其上为厚约0.4米的灰白色颗粒状下层垫土，该层垫土中心建有平面呈T形的长条形石块条带，周围分布有祭祀坑、长方形石块堆积等。再上为厚0.2～0.3米的灰褐色黏土上层垫土，该层垫土上零散分布有类似于"封石"的石块堆积、小石子堆塑等。通过测年和遗物形制比较，可知遗址年代为红山文化晚期，属红山文化的小型祭祀遗址。

为厘清祭祀区的范围和结构、全面了解祭祀区的平面布局，2023年，联合考古队发掘了2022年发掘区的西、北、西南和东南区域，发掘面积800平方米。

通过铲探、探沟发掘，厘清了2022年辨识出的上层、下层垫土的分布范围。上层垫土占据祭祀区核心并向外延伸（征地范围以外未勘探），边缘轮廓蜿蜒曲折，堆积厚度从四周向祭祀遗迹核心区域逐步变薄，边缘最厚处0.7、中心最薄处0～0.1米。下层垫土大体位于祭祀区核心，呈南北向梯形，北窄南宽，长59.8、宽26.7～42.4米，面积1919.6平方米。堆积厚度从四周向祭祀区核心逐步增厚，中心最厚处0.9、边缘最薄处0～0.1米。下层垫土为灰白色蒜瓣土，干燥时松散，潮湿时胶结成块，覆盖整个祭祀区核心区域，向外略扩展1～2米，土质纯净，土色灰白，颗粒较大。而在这种土外围区域的蒜瓣土则颗粒变小、颜色发红或与红色黏土混杂，显得较为斑驳杂乱。内外两种土的土质、土色的差别，反映了当时祭祀核心区和边缘区用土是有所区别的，应是核心区和边缘区地位、意义不同的体现。

发掘过程中发现，上层垫土面上的遗迹多有滑落位移，可知水土流失造成上层垫土面积扩大，其原有面积应与下层垫土面积相当。西北部、西部的上层垫土和下层垫土位于在同一个水平面上，均被长条形石块条带叠压，两层土内的遗物也没有明显变化，表明这两层土可能不存在年代之别。

发现部分遗迹，包括石棺墓、长条形石块条带、圆形土坛、多层祭祀坑、陶片堆积等，分布于下层垫土和上层垫土面上，生土面上仅发现一

下层垫土（绿色）、上层垫土（红色）范围

The Ranges of Lower Cushion Layer (Green) and Upper Cushion Layer (Red)

座石棺墓。

石棺墓　1座（2023PDM1）。位于 T3767 东南部，开口于下层垫土下，向下打破生土。方向 288°。石棺由页岩片错缝垒砌而成，通长 2、宽 0.5、深 0.3 米。上有顶板，下有底板，顶板和底板均为长 1、宽 0.5 米的大型石块。墓圹有石块 3 层，内侧整齐，外侧参差。由于地处山丘南坡，受垫土南向挤压，石棺两长边和底板均已变形，长边

向南凸出，底板向上凸起。人骨朽为粉末状，残留数颗牙齿。随葬有玉环、玉管状器、绿松石坠饰。

长条形石块条带　3条。位于 2022 年发现的 T 形遗迹西侧，二者开口层位和坐落层位相同。3条石块条带大体为同一条，呈西北—东南向，南北两条略有交错，中间被扰坑打破，贯穿发掘区南北。北部者较宽，所用石块较多，排列十分密集；南部者较窄，所用石块较少，分布稀疏；

核心区域垫土
Cushion Layers in the Core Area

边缘区域垫土
Cushion Layers in the Marginal Area

石块中间夹杂泥质红陶片。石块条带总长约30、宽0.5~1.2米。

圆形土坛　1座（2023PDYT1）。位于T3367东北部，开口于耕土层下，坐落于下层垫土面上。圆台状，平面呈圆形，剖面近梯形，由灰黄色土和陶片堆积而成。通过解剖，可知圆坛有8层陶片叠压。顶部直径0.45、底部直径1.3、高0.3米。第1层为单圈陶片竖插于土内，第2层为正反两圈陶片竖插于土内。在土坛东南部分做解剖，可见第3~8层陶片为平铺叠压形式，每层陶片之间均有烧燎的黑土和红色烧土，陶片种类有泥质红陶、泥质灰陶、夹砂褐陶和夹砂红陶四类。由于结构和叠压关系复杂、陶片破碎，无法现场发掘，已整体打包提取。

祭祀坑　2座。2023PDK1位于T3567东南部，开口于耕土层下，打破上层垫土。圆形，斜壁，平底。壁和底烧结，较为光滑。直径1.1、深0.25米。坑内共分为7层堆积，各层堆积之间有0.005~0.01米的土层间隔。各层堆积中包含较多小石块，夹杂少量木炭、石叶、泥质红陶片。

陶片堆积　1处（2023PDTT1）。位于T3766南部，坐落于下层垫土面上。平面呈不规则形，南北长0.9、东西宽0.8、厚0.02~0.04米。由2~4层泥质红陶片紧密堆积而成，夹杂少量石块，陶片器形主要为筒形器。

灰堆　2处。2023PDHD1位于T4359西部偏北，开口于上层垫土下。平面呈椭圆形，剖面呈梯形。东西长2.3、南北宽2.2、厚0.08米。全部为灰烬，包含半圆形石块、圆形泥质红陶片、夹砂黑褐陶片等。

该遗址内出土遗物数量不多，有陶器、石器、玉器等，均出土于垫土层和单体遗迹内。陶器无可复原器，残片可分为泥质陶和夹砂陶，以泥质陶为主。泥质陶有红褐陶、灰黑陶两大色系，以

T形遗迹北部
The Northern Part of the T-shaped Remains

长条形石块条带南部
The Southern Part of the Long Stone Strip

红褐陶为主。泥质红褐陶绝大多数为素面，纹饰有平行线纹、凸棱纹以及彩陶，部分带陶衣。可辨器形有高体筒形器、矮体筒形器、钵、圆陶片等。泥质灰黑陶多为素面，可辨器形有钵、盆、扁体罐等。夹砂陶可分为黄褐陶和黑褐陶，有夹粗砂和细砂两大类。以素面为主，少量饰有"之"字纹、附加堆纹等，可辨器形有盆、筒形罐、圆陶片等。石器数量不多，可分为打制石器、磨制石器、细石器等。打制石器有圆形器，磨制石器有磨棒，细石器有石叶、刮削器等。玉器有环1件、管状器1件，绿松石器有坠饰1件。

通过两年的考古发掘工作，基本厘清了遗址祭祀区的性质、范围、结构、建造程序。勘探出多处石棺墓，表明遗址祭祀区的性质为一座积石冢。祭祀区由两层垫土和石块遗迹构成，在生土面、下层垫土面、上层垫土面上修建石构遗迹并进行祭祀活动。上层垫土基本覆盖了整个山丘，由于水土流失等原因，上层垫土面积大于下层。从层位关系上看，两层垫土大体是同时期的堆积。

祭祀区核心区域的生土面上建造有石棺墓和以方形石围为核心的石构祭祀遗迹，其上的两层垫土及其附带遗迹均为祭祀所用，垫土面上石块条带周边散布有祭祀坑、燎祭遗存。祭祀区以南、灰堆以北区域发现环壕一条，环壕内发现房址4座，证明该遗址具有祭祀、居住合一的属性。

该积石冢内涵丰富、特征独具，对于了解红山文化小型积石冢的特点和积石冢的地域特征具有重要意义，为探究牛河梁遗址周边区域祭祀行为和社会发展以及文明化进程提供了基础材料。

（供稿：韩金秋　王彦捷　李剑）

石棺墓 2023PDM1（带盖板）
Stone Coffin Tomb 2023PDM1 (with Cover)

石棺墓 2023PDM1（去掉盖板后墓室状态）
Stone Coffin Tomb 2023PDM1 (Uncovered Tomb Chamber)

长条形石块条带北部
The Northern Part of the Long Stone Strip

长条形石块条带南部
The Southern Part of the Long Stone Strip

圆形土坛 2023PDYT1
Circular Earthen Altar 2023PDYT1

圆形土坛 2023PDYT1 上层和下层
Upper and Lower Layers of the Circular Earthen Altar 2023PDYT1

祭祀坑 2023PDK1 第①层
The First Layer of Sacrifice Pit 2023PDK1

祭祀坑 2023PDK1 底面
The Bottom of Sacrificial Pit 2023PDK1

陶片堆积 2023PDTT1
Accumulation of Pottery sherds 2023PDTT1

灰堆 2023PDHD1
Ash Pile 2023PDHD1

泥质陶器
Clay Potteries

夹砂陶器
Sand-tempered Potteries

玉器
Jades

石器
Stone Tools

The Dongshantou Site is in Dayingzi Village, Taitoushan Town, Pingquan City, Chengde City, Hebei Province. It is situated on the top of a loess hill commonly known as "Dongshantou" 60 km southwest of the Niuheliang Site. From 2022 to 2023, the Hebei Provincial Institute of Cultural Relics and Archaeology and others excavated the site. The sacrificial area consists of two cushion layers and stone remains; within the surrounding reach, found a stone coffin tomb, a long stone strip, a circular earthen altar, a multilayered pit for burnt sacrifice, and an accumulation of flat paved pottery sherds. Unearthed artifacts include stone tools, jades, and pottery sherds mainly made of clay. Based on dating and artifact comparison results, the site was identified as a stone mound burial equivalent to the late Hongshan Culture with rich and characteristic connotations. It provides excessive significance for understanding the attribute of small-scale stone mound burial of the Hongshan Culture and the regional characteristics of the stone mound burial; it also distributes fundamental resources for exploring the sacrificial behaviors, social development, and civilizing process across the area of the Niuheliang Site.

安徽郎溪磨盘山
新石器时代至商周时期遗址

MOPANSHAN SITE OF NEOLITHIC TO SHANG AND ZHOU PERIODS IN LANGXI, ANHUI

磨盘山遗址位于安徽省郎溪县飞鲤镇新法村，坐落于皖南最大的湖泊——南漪湖的东岸。遗址北有郎川河流过。此河发源于皖南山系的广德市东南部山区，与太湖南部水系相通，向西北注入南漪湖，后经水阳江流入长江。因此，遗址可与长江水系、环太湖水系连通，正处于古代文化东传西递、南来北往的重要地理节点上。

磨盘山遗址发现于 20 世纪 70 年代，后经数次调查和复查，确定为一处新石器时代至商周时期的遗址。2012 年，遗址被公布为省级文物保护单位。2015、2016 年，南京大学联合安徽省文物考古研究所进行了两次考古发掘。2022 年，遗址被纳入"考古中国——长江下游区域文明模式研究"课题，并于 2023 年进行了第三次考古发掘。

根据对文献资料和普查资料的研读，并结合历年的实地调查，初步确认了郎川河流域的数处同性质遗址，而更大范围的区域调查目前仍在进行中。

勘探表明，现存遗址区域分为东西两部分，总面积约 60000 平方米。其中，西侧区域面积约 52000 平方米，遗存年代以马家浜文化时期至春秋时期为主；东侧区域面积约 8000 平方米，遗存年代以商周时期为主。遗址保存较完整的核心区域为西部台地，面积约 5000 平方米，台地西北角最高，剖面显示文化层厚逾 4.5 米。

2015、2016、2023 年的三次发掘均选择在西侧的遗址核心区进行，发掘面积共计 1625 平方米，发现马家浜文化、崧泽文化、良渚文化、钱山漾文化、夏商和西周至春秋时期的连续文化堆积，并发现一处崧泽文化时期的土台墓地。

三次发掘共清理墓葬 342 座，包括马家浜文化晚期墓葬 9 座、崧泽文化墓葬 320 座、良渚文化墓葬 5 座、夏商西周时期墓葬 5 座、南宋早期墓葬 3 座；房址 77 座，年代以马家浜文化晚期为主；灰坑 163 个，年代以商周时期为主。

马家浜文化晚期文化层可分为 11 个亚层，土色总体以融合了网纹红土的红黄色为主。文化层的形成原因以建设居址为主，居址在高地和低地均有分布。房址形制分两种：一种形制略早，为基槽围绕红烧土混杂地面，基槽内有柱洞，部分房内带灶坑或窖穴；另一种为柱洞围绕的"凸"字形的红烧土坑，坑内的红烧土似为有意铺垫而成，相当于房屋内的地面。居址外围边缘有少量墓葬。

崧泽文化时期文化层可分为 3 个亚层，土色以夹杂大量红烧土的黄褐色为主，每层下和层表均分布有大量墓葬，未见其他遗迹。墓葬多埋在马家浜文化时期的红烧土居址之上，叠压打破

遗址地层堆积情况
Stratigraphic Accumulation

马家浜文化晚期房址
House Foundations of the Late
Majiabang Culture

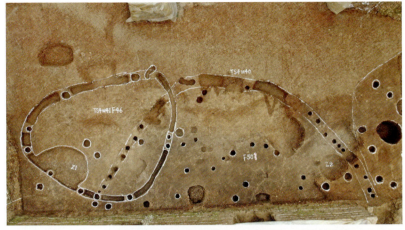

马家浜文化晚期房址
House Foundations of the Late
Majiabang Culture

关系非常复杂。随葬器物数量的多少和玉器的有无与墓坑规格似无相关性，但少量墓葬中随葬陶大口缸或多件杯形豆则可能表明已有一定的等级或财富差异。墓向以东北—西南向为主，也有较多西北—东南向和南北向，东西向较少，墓向具有一定的时代差异。头向有南、北之分，以北为主。有的墓葬以随葬大量石器为主，有的墓葬则随葬较多网坠和形制类似觿的陶质织网工具，说明当时社会应具备一定的分工。

良渚文化至钱山漾文化时期文化层可分为4个亚层，土色以黄灰色为主。这一时期有少量房址和墓葬，房址挖基槽，基槽内可见柱洞。墓葬规模较小，随葬器物可见少量玉器和陶器。

商周时期文化层可分为3个亚层，土色以灰白色为主。这一时期也有少量房址和墓葬。房址由经过处理的多层铺垫土建造，部分房址以石块作为基础，未发现柱洞，推测已构筑了土墙，亦发现有柱洞环绕的半地穴式房址。墓葬规模较前期为大，墓坑较深，但随葬器物较少。

良渚文化时期和夏商时期遗存主要分布于崧泽文化墓地的东侧外围，西周至春秋时期的遗存分布范围略广。

三次发掘出土器物非常丰富，包括可复原器物4000余件，有陶器、硬陶器、原始瓷器、瓷器、石器、玉器、铜器等，其中陶器、石器、玉器均可与周边地区同类器进行对比研究。遗物中，陶网坠和陶觿自始至终占比均较高，无论是地层还是墓葬中均广泛存在。石器的数量和类型亦较多，且大多数有使用痕迹，或反映了与石器使用相关的木工较为发达，部分石制农业工具表明种植农业的存在。另外一类较有特色的是仿生形器物，可见形象包括圣水牛、猪、鱼、龟、豚等动物和桃等植物。玉器较多，可见器形有玦、璜、坠、管、小璧、环、纽扣、蝶形器等，大部分有重复利用的现象，部分断为数截仍钻孔缀合使用，可能表明玉器仍然是作为珍贵的物品而被使用。

历年来对磨盘山遗址的考古工作取得了重要收获，主要表现在以下几个方面。

江苏常州
寺墩新石器时代遗址
SIDUN NEOLITHIC SITE IN CHANGZHOU, JIANGSU

寺墩遗址发现于1973年，曾多次大规模出土良渚文化玉琮、玉璧等器物。1978~1995年初，南京博物院、常州市博物馆、武进博物馆曾先后五次对寺墩遗址进行考古发掘，揭露新石器时代墓葬5座，其中崧泽文化墓葬1座、良渚文化大型墓葬4座，出土大批精美玉器，奠定了寺墩遗址在中国新石器时代考古中的重要地位。2016年，寺墩遗址被纳入"考古中国——长江下游区域文明模式研究"课题。2019年，南京博物院对寺墩遗址开展了第六次考古发掘工作。

寺墩遗址位于江苏省常州市天宁区郑陆镇三皇庙村，北距长江约15公里，南距太湖约30公里，是一处以新石器时代崧泽—良渚文化遗存为主体的中心聚落遗址，年代距今5500~4500年。遗址中心原是一个高出地表约20米的椭圆形土墩，东西长100、南北宽80米，由于取土破坏，现仅残存墩体南坡。遗址中心外围分布有十余处小型台地，其外又有双重水系环绕，总面积约150万平方米。遗址东南5公里处，遥见一片海拔约100米的低山丘陵。

本次考古发现的重要遗迹包括崧泽文化墓葬区、干栏式建筑遗存等，以及良渚文化砌石遗迹、建筑基址、贵族墓葬区等。

崧泽文化墓葬区位于寺墩墩体北侧台地（简称墩北台地）。其中，台地北部为贵族墓地，目前共清理墓葬40座，均为竖穴土坑墓，墓向分为东西向和南北向，少数残存头骨、牙齿、肢骨，应为单人仰身直肢葬，个别墓葬可辨棺痕。随葬器物以陶器为主，以鼎、豆、杯、壶、罐等为基本组合，常见锛、钺等石器，少数随葬璜等玉器。台地西部清理墓葬8座，每座随葬器物3~5件，墓葬分布集中、规模较小、等级较低。

M63开口于第③层下，打破第④层。平面呈长方形，长2.62、宽0.84、深0.64米，墓向3°。随葬器物27件，陶器以豆为主，共12件，形制各异，玉器有璜1件。

M88开口于第②层下，打破第④层。平面呈长方形，长2.25、宽0.85、深0.98米，墓向10°。随葬器物34件，陶器数量较多的有豆8件、壶6件，玉器有璜1件。

M95开口于第③层下，打破第⑤层。平面呈长方形，长2.85、宽1.25、深0.7米，墓向7°。人骨保存状况一般，可辨葬式为单人仰身直肢葬。棺痕较明显，棺长2.23、宽0.87米。随葬器物24件，陶器中鼎、豆各5件，玉器有璜1件。

崧泽文化干栏式建筑遗存位于墩北台地东缘，开口于TG2第㉙层下，东西长近30米。本次发掘对该遗迹进行了局部解剖，其表面铺有一层细密的植物茎秆，经鉴定其中含有竹子，植物

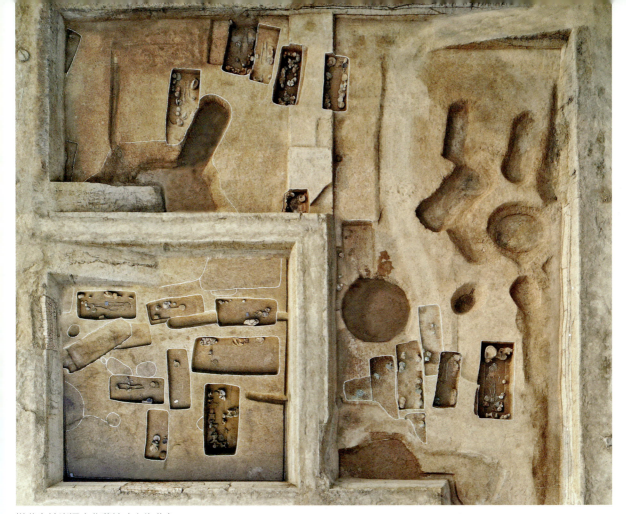

墩北台地崧泽文化墓地（上为北）
Cemetery of the Songze Culture on the Platform in the North of the Mound (Top is North)

崧泽文化 M88
Tomb M88 of the Songze Culture

崧泽文化 M95
Tomb M95 of the Songze Culture

铺面下为排列整齐的横木，另有多排立柱呈东西向分布，木柱直径 10～20 厘米。已探明植物铺面南北宽约 10 米，初步推断这是一处由立柱、横木、植物茎秆铺面组合而成的面积约 300 平方米的建筑遗存。

寺墩墩体残高 11.8 米，经铲切剖面确认第④

层以下即为良渚文化堆积。墩顶发现多条红烧土基槽，基槽宽约 0.4、深约 0.1 米，表明此处曾有大型建筑；墩体堆积呈由西向东、由南向北的倾斜状；墩底由青灰色"草包泥"堆筑而成，初步明确了墩体营建过程。

墩体北坡发现一处良渚文化砌石遗迹，呈东

崧泽文化干栏式建筑植物茎秆铺面
Plant Stems Paved Surface of a Stilt Architecture of the Songze Culture

崧泽文化干栏式建筑铺面下的横木
Beams under the Paved Surface of a Stilt Architecture of the Songze Culture

寺墩墩体剖面（北一南）
Section of the Mound (N—S)

北一西南向，有基槽，石块集中填埋在基槽内。局部解剖和勘探结果表明，砌石遗迹东西长约 80、南北宽 0.7、深 0.3 米，砌石均为棱角分明的角砾，可能来源于遗址东南部的低山丘陵。砌石遗迹处于墩体北界坡脚处，可能作排水或护坡之用。

墩体北部发现一处良渚文化的建筑基址，呈东西向。目前已清理墙基长 9、宽 0.4 米，继续向西延伸。墙基底部有大量红烧土块，红烧土块内掺有稻属等禾本科植物，有木骨痕迹，待进一步揭露。

墩体东侧有良渚文化贵族墓葬区，通过近年考古发掘和综合研究，目前其整体布局已基本明确。墓葬区共有两处良渚文化贵族墓地，均位于墩体东侧面积约 5000 平方米的台地上（简称墩东台地），1982M3 所在墓地位于台地东北部，另一处墓地位于台地东南部。台地东、北、西三面均为低洼地，G17 是台地南界，出土有"日月山"等刻符的陶大口缸残片，是环太湖地区与海岱地区在距今 5000 年前后即存在密切联系的例证。

寺墩遗址近年来发掘出土器物丰富。崧泽文化时期陶器以泥质灰陶和夹砂红陶为主，另有少量黑皮陶，常见器形有鼎、杯、豆、壶、罐、大口缸等，以 T 形鼎足、横截面呈"十"字形的鼎足为特色，流行圆形和三角形镂孔豆、花瓣足杯、篮纹大口缸及折腹壶等；石器以钺、锛、凿为主；玉器有半璧形璜、镯等。此外，在一口崧泽文化水井中出土 6 件精美的崧泽文化彩陶壶，施黑、红、黄三色彩，绘成绞索状编织纹、条带纹等，其中标本 J1 ③：4 纹饰最为繁复精妙，其通体施彩，底色墨黑，长颈为砖红色，上腹部用墨黑、砖红和棕黄三色绘制出两只相连的编织纹卷尾鸟形象。经检测，颜料中含有大漆成分，黑色为石墨，红色为铁矿石。

良渚文化时期陶器以泥质灰陶、夹砂红陶、橙黄陶为主，另有相当数量的黑皮陶，器形以袋足鬶最具特色，数量较多，带篦格纹的侧扁足鼎和粗篮纹大口缸流行，宽把杯、贯耳壶、双鼻壶也较为常见；玉器种类较多，包括璧、琮、锥形器、管等。良渚文化 G17 中出土的一批刻符陶大口缸尤其值得关注，刻划符号有"日月山"、鹿角、圆圈纹等。

寺墩遗址是距今 5500～4500 年连续发展的中心聚落遗址，面积超百万平方米。崧泽文化时期墓葬贫富差异悬殊，显示出较高程度的阶级分化，是环太湖地区史前考古的重要发现；木构建筑遗存规模大，保存好，结构复杂，较为罕见；墩东台地水井中出土的漆彩陶器，构思精巧，工艺高

墩顶红烧土基槽
Red Scorched Earth Foundations on the Top of the Mound

良渚文化砌石遗迹
Masonry Remains of the Liangzhu Culture

良渚文化建筑基址（西—东）
Building Foundation of the Liangzhu Culture (W—E)

超，是复杂社会分工和手工业专业化的缩影。良渚文化时期堆筑了规模宏大的寺墩墩体，大型红烧土基槽表明寺墩顶部曾存在大型建筑；墩体北部大型建筑基址等表明这里曾是良渚文化时期的聚落核心区。本次考古工作，不仅加深了对遗址聚落格局及内涵的认识，也为进一步厘清该区域的考古学文化序列、了解遗址核心区的功能布局

奠定了基础。

寺墩遗址自崧泽文化晚期到良渚文化时期的文化形态和聚落布局的变迁，生动反映了太湖地区史前社会复杂化的形成、发展并最终迈向早期国家形态的过程，为讨论长江下游区域文明发展模式提供了新的视角。

（供稿：于成龙　陈钰　余官玥）

崧泽文化 M88 出土器物（部分）
Artifacts Unearthed from Tomb M88 of the Songze Culture (Partial)

良渚文化 "日月山" 刻符陶大口缸
Wide Mouth Pottery Vat of the Liangzhu Culture, Carved with Symbols of the Sun, Moon, and Mountain

崧泽文化 J1 出土器物
Artifacts Unearthed from Well J1 of the Songze Culture

刻符陶大口缸残片
Sherd of the W Mouth Potte Vat with Carv Symbols

The Sidun Site is located in Tianning District of Changzhou City, Jiangsu Province. It is a central settlement primarily embodied the remains of the Songze and Liangzhu Cultures, dating back to approximately 4.5-5.5 ka BP. An oval mound occupies the center of the site and is surrounded by dozens of small platforms and double-encircled by water systems, with a total area of about 1.5 million sq m. The Nanjing Museum has conducted successive excavations of the site since 2019 and discovered a burial area and stilt house foundations of the Songze Culture, as well as masonry remains, building foundations, and the nobles' burial area of the Liangzhu Culture. Abundant artifacts were unearthed, of particular attention in the color-painted lacquer pots of the Songze Culture and the pottery vat sherd with carved symbols of the sun, moon, and mountain. The excavation brings new insight into the discussion of the civilization's development pattern in the lower reaches of the Yangtze River.

湖北荆门
屈家岭新石器时代遗址

QUJIALING NEOLITHIC SITE IN JINGMEN, HUBEI

屈家岭遗址是屈家岭文化的发现和命名地，位于湖北省荆门市屈家岭管理区，地处大洪山南麓向江汉平原的过渡地带，是实证长江中游文明起源的重要大遗址。该遗址是以屈家岭为核心，包括殷家岭、钟家岭、冢子坝和杨湾等十余处地点为一体的新石器时代大型遗址，先后于1955年、1956～1957年和1989年进行过三次考古发掘。2015年至今，经国家文物局批准，湖北省文物考古研究院等单位组建考古队，对该遗址持续开展考古工作，近期取得了重要收获。

第一，发现迄今规模最大的油子岭文化聚落。

新近考古工作表明，屈家岭遗址历经油子岭、屈家岭和石家河等史前文化时期，绝对年代为距今5900～4200年。

油子岭文化早期遗存主要分布于屈家岭，面积约38万平方米。至油子岭文化中晚期，发展形成以屈家岭为核心，同时包括殷家岭、钟家岭和冢子坝共四处地点为一体的大型遗址，分布范围约105万平方米，为长江中游地区同时期面积最大的聚落，并确认了水利系统、墓葬区、居住区

熊家岭水坝发掘区航拍
Aerial Photograph of the Excavation Area of Xiongjialing Dam

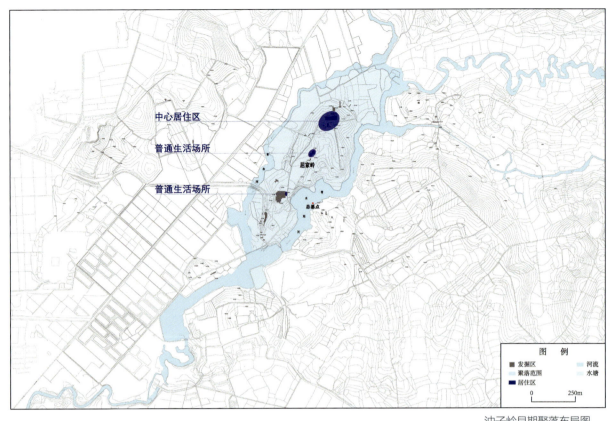

图例
发掘区　河流
聚落范围　水塘
居住区
0　250m

油子岭早期聚落布局图
Settlement Layout
of the Early Youziling
Culture

中心居住区
普通生活场所
普通生活场所
屈家岭
总墓点

成人墓葬区
婴幼儿墓葬区
居住区
殷家岭
溢洪道
居住区
屈家岭
钟家岭
陶器生产区
成人墓葬区
墓葬点
居住区
聚子坂
溢洪道

图例
发掘区　水坝
聚落范围　灌溉区
居住区　蓄水区
墓葬区　河流
陶器生产区　水塘
0　250m

油子岭文化中晚期聚落布局图
Settlement Layout of
the Middle and Late
Youziling Culture

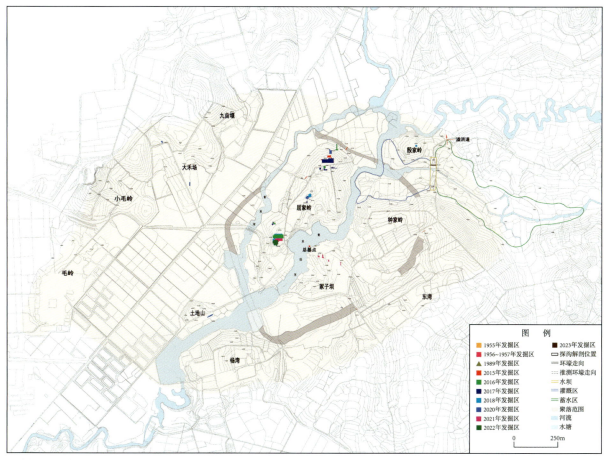

屈家岭文化时期聚落布局图
Settlement Layout of the Qujialing Culture

和陶器生产区等。这一时期，屈家岭、冢子坝分别有其独立的居址和与之对应的墓地，意味着上述两处地点既是其各自特定人群的生活场所，又是他们死后的葬身之地。以屈家岭为例，自北向南依次为油子岭文化的成人墓地、婴幼儿墓地（瓮棺葬群）、居住区和陶器生产区。在冢子坝，其中部台地被规划为居住区，西部坡地则分布有油子岭文化成人墓地。

屈家岭文化时期，聚落规模扩展至284万平方米，环壕围合面积（含环壕）约90万平方米，发现大型水利系统、高等级建筑区、墓葬和铜矿石等遗存，探索到史前稻田的分布范围，出土已知最早的高温黑釉陶。

石家河文化时期，尽管发现有铜矿石等重要遗存，但聚落规模明显缩小，分布范围仅为18万平方米。

第二，发现多组因势而建、规模庞大的史前水利系统。

近年来，屈家岭遗址考古队会同航测、水利学、环境考古等领域的专家，对遗址进行了全面调查和综合分析，对于若干疑似水利设施进行了重点勘探。经过系统勘探和多地点解剖，新发现多组水利系统。其中，对熊家岭、郑畈两处呈东北—西南向对角线分布的水利系统开展了详细的考古工作。分别介绍如下。

熊家岭水利系统包括水坝、蓄水区、灌溉区和溢洪道等构成要素，位于遗址群的东北部，其西北部、南部紧邻殷家岭和钟家岭遗址。

熊家岭水坝坐落于青木垱河东西向支流的河道上，土筑而成，连接南北两端山体，以拦蓄水资源。现存坝顶宽约13、高约2米，坝底宽约27米，南北长约180米。水坝东侧为蓄水区，与自然岗地合拢面积约19万平方米；西侧为灌溉区，面积约8.5万平方米，植物考古的研究工作显示该区域存在史前稻田。溢洪道位于蓄水区的北部缺口处，出口北抵青木垱河中上游，南高北低，

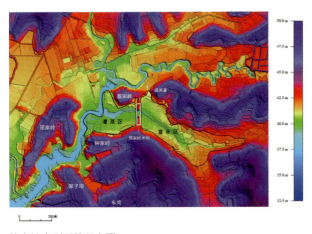

熊家岭水利系统示意图
Diagram of the Xiongjialing Water Conservancy System

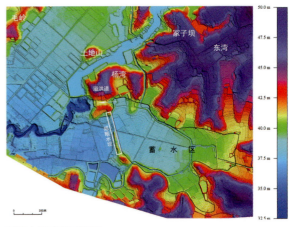

郑畈水利系统示意图
Diagram of the Zhengfan Water Conservancy System

系利用自然分布的基岩面并保持原始走势而成，显示出"因地制宜"的科学建设理念。

解剖性发掘显示，熊家岭水坝可分为早、晚两期，早期坝宽10.2、晚期坝宽26.6米，晚期坝在早期坝的基础上加高加宽扩建而成。在早期坝的使用过程中，坝体东侧迎水面上沉积出淤沙层，其上存在包含细小烧土颗粒的灰烬层，晚期坝体即起建于灰烬层之上。灰烬层中的炭化荒草种子表明，增筑行为当发生于秋冬季的枯水期。出土遗物和测年数据显示，晚期坝的年代为屈家岭文化早期晚段，绝对年代为距今4900～4800年。早期坝的年代不早于油子岭文化晚期，不晚于屈家岭文化早期晚段，绝对年代为距今5100～4900年，是迄今发现最早且性质明确的水利设施。

早晚两期坝体堆积明显经过人工拍打、夯实或加固，局部位置揭露出因拍打、夯实而形成的"痕迹面"。两期坝体的各层堆积中，绝大多数都掺有禾本科植物根茎，应属原始的"加筋工艺"。

在早晚两期坝体堆积中还发现有"草裹泥"的痕迹。

此外，对熊家岭水利系统的溢洪道入口进行了整体揭露，发现大范围自然分布的泥质页岩基岩面，整体南高北低。基岩面中部位置存在南北向沟状下切迹象，推测是人为对基岩面进行了平整和加工，以便宣泄洪水。同时，在溢洪道入口的基岩面上发现了一些明显向出口方向（南向北）倾斜的页岩岩板，应为宣泄洪水时水流冲击所致，是溢洪道使用的直接证据。

郑畈水利系统位于遗址群的西南角，其北部、东北部为杨湾和冢子坝遗址，目前已确认水坝、蓄水区和溢洪道。郑畈水坝亦属土坝，是为连接南北两端山体而营建的人工设施，现存坝顶宽约5.2、高约2.3米，坝底宽约10米，长约580米。水坝以东、南北山体间的低洼区域为蓄水区，面积约54万平方米。溢洪道入口宽约58米，位于蓄水区的西北部缺口处，出口西抵青木挡河下游。解剖性发掘表明，坝体堆积仅一期，其建造工艺、

构筑方式、堆积特征与熊家岭水坝早期坝高度一致，年代与熊家岭早期坝相当。

第三，对史前建筑技术有了最新认识。

2021～2023 年的考古发掘，揭露了一座总面积约 510 平方米的屈家岭文化大型宫殿式建筑（F38）。F38 平面呈东北—西南向曲尺形，自北向南分为四间，南端向西折出一间，主体面积约 340 平方米，外围设施（或为廊道）现存面积约 170 平方米。发现有黄土台基和数量众多、规模庞大、建造工艺考究的礅墩，是迄今发现礅墩的最早形态，为中国古代木构建筑技术奠定了史前基础，填补了中国建筑史的空白。依据建筑形制及特征，推测 F38 为一处公共礼制性建筑。位于建筑中部两分间拐角处的礅墩体量巨大，最大者长约 3.3、宽约 1.7、深约 1.5 米。礅墩的营建流程为：先挖走预置礅墩区域的原有软基层（油子岭文化层），在高低不平的起建面上堆筑纯净的黄土台基，锚定礅墩布设点位后在台基上挖深坑，再烧烤坑壁形成硬结面，后用红烧土混合黏土及少量焚烧过的猪骨填满深坑形成礅墩。

近年来对屈家岭遗址的考古工作意义重大。

首先，提供了长江中游史前文明化肇始的物证。距今 5300 年前后，勃兴于汉东地区的油子岭文化开启了强势扩张，北上随枣，南下洞庭，西进峡江，首次将江汉平原和洞庭湖平原纳入统一的文化共同体。屈家岭遗址是迄今发现规模最大的油子岭文化聚落，熊家岭水利工程即发轫于这一时期，可以认定为长江中游地区最早的大型水管理设施，加上最早的快轮制陶工艺和磨光黑陶生产技术、聚"族"而葬的墓地形态，生动展示了油子岭文化的社会结构及发展高度，也进一步阐释了油子岭文化强势扩张的动因。至约距今

熊家岭晚期坝体"加筋工艺"平面（局部）
Plane of the "Reinforcement Method" Used in the Late-stage Xiongjialing Dam (Portion)

熊家岭晚期坝体因拍打、夯实而形成的"痕迹面"（局部）
The "Trace Surface" on the Late-stage Xiongjialing Dam, Caused by Hammering and Ramming (Portion)

熊家岭晚期坝体南壁剖面的"草裹泥"痕迹
Mixture of Mud and Straw on the Southern Section of the Late-stage Xiongjialing Dam

熊家岭水坝发掘区南壁剖面
Section of the South Wall of the Xiongjialing Dam

近现代堆积　　坝体堆积　　扰坑

郑畈水坝剖面
Section of the Zhengfan Dam

熊家岭水利系统溢洪道发掘区航拍
Aerial Photograph of the Excavation Area of the
Spillway of Xiongjialing Conservancy System

熊家岭溢洪道入口受水流冲击而倾斜的页岩岩板
Slanted Shale Slabs at the Entrance of Xiongjialing
Spillway Due to Water Flow

5100 年，屈家岭遗址所在的汉东地区率先从油子岭文化嬗变为屈家岭文化。在屈家岭遗址，油子岭文化规划、营建的水利系统被屈家岭文化所继承，并经过改造升级，发挥了更大作用，促使聚落规模从 105 万平方米扩展至 284 万平方米。这一时期，庞大的聚落规模、缜密的水利系统、规整的环壕设施、高超的建筑工艺，反映出屈家岭遗址作为"壕堰式"聚落的典型特征，代表了长江中游地区与大型城址同级的新型中心聚落形态。

其次，明确了长江中游文明化进程的路径与方式。

屈家岭遗址发现最早的水利系统集抗旱与防洪、生活用水与农业灌溉等多种功能于一体，标志着史前先民的治水理念从最初被动地防水御水转变为主动地控水用水，实现了从适应自然到改造自然的跨越。屈家岭遗址的治水范式，不仅为史前单体聚落的水资源管理和利用提供了细节支撑，而且也是研究早期人地关系、社会组织等问题的重要考古依据。屈家岭遗址新发现的高等级建筑、大型中心聚落和水利工程设施，年代明确，结构清晰，工艺高超，是研究长江中游地区史前文明化进程的珍贵物证，为探索中华文明起源提供了关键样本。

（供稿：陶洋　张德伟）

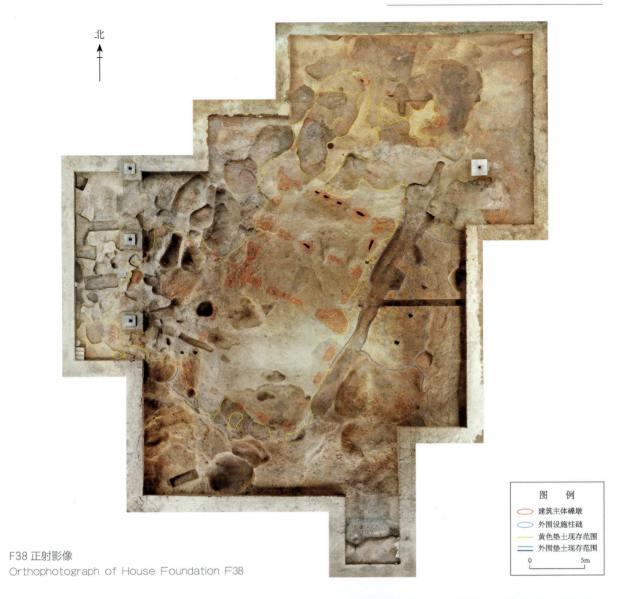

北

图　例

建筑主体磉墩
外围设施柱础
黄色垫土现存范围
外围垫土现存范围

0　　　　　5m

F38 正射影像
Orthophotograph of House Foundation F38

2021F38

F38 磉墩（25 号磉墩）平面
Plane of the Plinth Foundation No.25 in House
Foundation F38

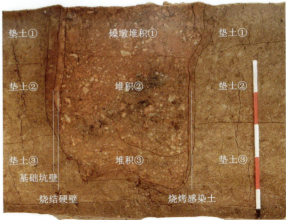

垫土① 　　　磉墩堆积① 　　　垫土①

垫土② 　　　堆积② 　　　垫土②

垫土③ 　　　堆积③ 　　　垫土③

基础坑壁

烧结硬壁 　　　烧烤感染土

F38 磉墩（25 号磉墩）剖面
Section of the Plinth Foundation No.25 in House
Foundation F38

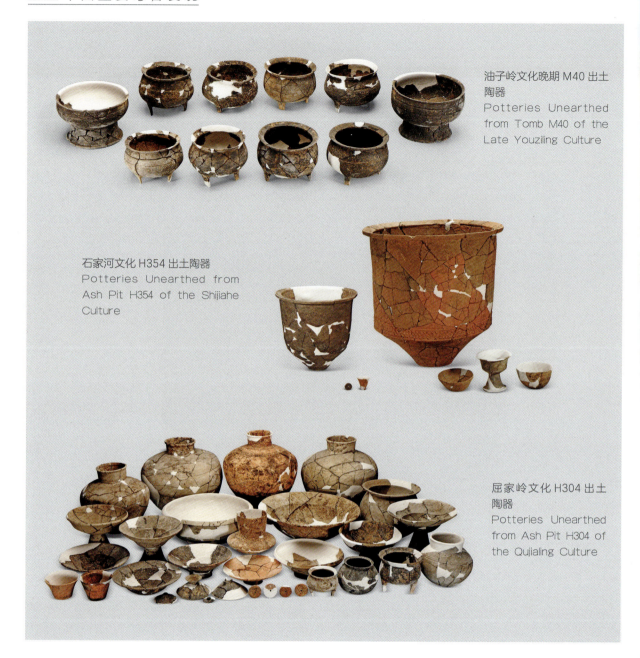

油子岭文化晚期 M40 出土陶器
Potteries Unearthed from Tomb M40 of the Late Youziling Culture

石家河文化 H354 出土陶器
Potteries Unearthed from Ash Pit H354 of the Shijiahe Culture

屈家岭文化 H304 出土陶器
Potteries Unearthed from Ash Pit H304 of the Qujialing Culture

The Qujialing Site, located at the Qujialing management area in Jingmen City, Hubei Province, is where the Qujialing Culture was discovered and named. The Hubei Provincial Institute of Cultural Relics and Archaeology and others have conducted consecutive archaeological works on the site since 2015 and achieved significant outcomes. On the one hand, archaeologists uncovered the large-scale palace remains of the Qujialing Culture, including a loess foundation and the earliest structure of plinth foundations (sangdun) that are substantial in size and remarkable in quantity and quality. On the other hand, the project found many large-scale prehistoric water conservancy systems built according to the local circumstances, integrating multiple functions, including flood and drought risk management, domestic water use, and irrigation, which are the earliest and confirmed water conservancy facilities discovered so far. The new findings provide valuable evidence for studying the prehistoric civilizing process in the middle reaches of the Yangtze River, and represent a critical example for exploring the origin of Chinese civilization.

湖南澧县孙家岗遗址居址区 2022～2023 年发掘收获

EXCAVATION RESULTS OF THE RESIDENTIAL AREA OF SUNJIAGANG SITE IN LI COUNTY, HUNAN , 2022-2023

孙家岗遗址位于湖南省常德市澧县城头山镇群乐村大杨片区三组，地处澧阳平原西部一处西北—东南向的椭圆形岗地上。孙家岗遗址的考古工作是"考古中国——长江中游文明进程研究"和"中华文明探源工程（五）·长江流域文明进程研究"课题的田野项目之一。

孙家岗遗址本体由墓地和环壕所围绕的居址区组成，总面积约 21 万平方米。其中，墓地位于岗地东南部、环壕之外。1991 年曾发掘长方形竖穴土坑墓 33 座，后经 2016～2019 年的连续发掘，基本将墓地现存墓葬全部揭露。墓地包括新石器时代墓葬 310 座，除 1 座为瓮棺墓外，其余皆为长方形竖穴土坑墓，出土了一大批玉器和陶器。土坑墓方向一致，排布规律，可明显分为南北两个墓区，每个墓区中又可分为不同的墓群、墓列。居址区面积约 14 万平方米，位于岗地西北大部，其外有环壕围绕。2020 年，孙家岗遗址田野考古工作的重心由墓地转向居址区，2020～2022 年春，居址区考古工作最重要的收获是在遗址南部揭露出一座四连间带廊道且营造规整而讲究的公共建筑遗迹（F13）。

2022 年 10 月至 2023 年 6 月，湖南省文物考古研究院等单位开始对居址区北部进行发掘，发掘面积共计约 500 平方米，揭露建筑台基 6 座、建筑遗迹 44 组、灰坑 165 个、灰沟 46 条、灶 6 座、瓮棺墓 2 座，出土了丰富的陶器、石器，并采集到少量动物骨骼和一批植物遗存。其中最主要的收获可归纳为三个方面。

第一，揭露出肖家屋脊文化公共建筑 F47 的地下基础部分，明确了其营建过程与房屋布局结构。

F47 地下基础部分的营建大致经过以下步骤。第一步是在当时的地表开挖出一个近东西向的长 20、宽 7、深约 0.4 米的长方形基坑。第二步在长方形基坑底部开挖基槽，南北两条东西向基槽长约 19、宽达 1.5 米，另有 5 条南北向基槽，宽 1.1～1.3 米，基槽深约 0.45 米。由基坑底部的基槽布局情况可知，F47 在初建时规划的是一座东西向四连间的排房建筑。第三步是在基槽中立柱，柱洞直径普遍约 0.15 米，皆打破基槽底部。第四步开始对基槽与基坑进行回填。基槽与基坑底部的填土较杂乱，富含人工遗物，判断其即为开挖基槽与基坑所挖出的文化层堆积。回填至基槽中的堆积经过夯打压实，土质较致密。

待基槽填平并对基坑底部回填厚 0.1～0.2 米时，F47 的整体建筑规划发生了一次改变，开始第五步，即在基坑底部回填土面上又开挖了一条东西向的基槽，并在其中补充立柱，从而形成了 F47 最终带廊道四连间的建筑平面布局。

新开挖基槽依然用开挖基槽时所形成的杂乱

居址区南部大型建筑遗迹 F13
Large Building Foundation F13 in the Southern Part of the Residential Area

北

0　3　6米

堆积回填，之后可能存在一次对建筑奠基的祭祀行为。因这时在 F47 基坑的东南部、西部坑底及坑外，普遍发现有一层草木灰堆积，判断很可能是建筑奠基祭祀行为所形成的遗存。

最后是从一定距离外挖取并转运来较纯净的原生黄土堆积将基坑填平。至此，F47 地下基础部分的营建完成。

F47 由排布整齐而规律的 60 根木柱框出布局结构，建筑整体呈西偏北 17°的长方形，四间南北宽 3.8 米的房屋东西并列，北侧有宽 1.5 米的廊道，廊道与最东侧房间连通。四间房屋大小不一，带廊道整体建筑面积近 100 平方米。

值得注意的是，F47 的方向、建筑形式和平面布局结构等，与 2020 年在遗址南部揭露的 F13 高度一致，甚至四间房间中西侧第二间的面积明显偏小（约为相邻房间的三分之二）也完全一致。

高度一致的布局结构，代表了相同的特定建筑功能。无论 F13，还是 F47，都未发现灶、灰坑等相关生活遗迹，而这种基槽中立柱的建筑，目前在整个遗址也仅发现这两座，加之考虑到建筑规模与建造考究程度，可以判断二者应并非一般生活居址，而是特定人群的公共建筑。

F47 与 F13 皆直接开口于近现代堆积之下，存在共时的可能性。结合 2017～2019 年发掘的孙家岗遗址墓地亦为分南北两个墓区的空间布局，且南区墓群墓葬出土玉器的数量和质量明显优于

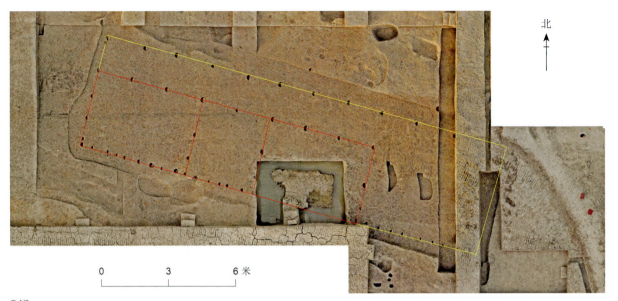

F47
Building Foundation F47

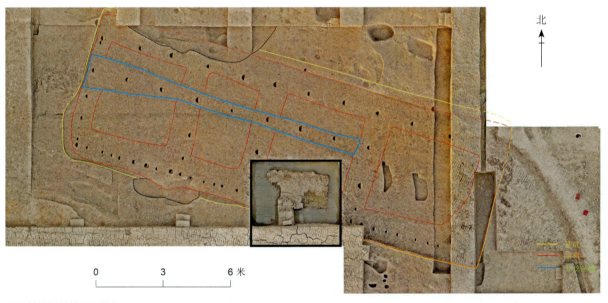

F47 基坑与基槽平面结构
Plane Structure of Foundation Pits and Foundation Trenches of Building Foundation F47

北区，推测孙家岗遗址肖家屋脊文化时期聚落存在两个社群（或胞族），分居遗址南北，且南部人群在人力、物力方面明显优于北部人群。

第二，首次在居址区系统揭露出一批早至石家河文化时期的遗存。

孙家岗遗址以肖家屋脊文化堆积为主，但在墓地发掘时发现了少量墓葬可早至石家河文化时期。2020～2022 年春对居址区的发掘中，也发现有少量堆积单位中不见肖家屋脊典型陶器，

陶器标本普遍可归入石家河文化范畴，判断其可能早至石家河文化时期。

本次发掘首次系统揭露出一批可确认的早至石家河文化时期的堆积，包括建筑台基、不同形式的房屋建筑遗迹、灰沟、灰坑、灶和瓮棺墓等，并在灰沟和灰坑中出土大量陶器标本。从出土陶器残片来看，这些堆积单位不见肖家屋脊文化典型和常见的长柄豆与矮领广肩罐等，而多见麻面宽扁足鼎、小鼓腹壶和斜腹杯等。

F47 基坑东南部剖面
Southeast Section of Foundation Pit of Building Foundation F47

F47 南基槽东段局部纵剖面所见柱洞剖面
Section of Postholes Looking on the Partial Longitudinal Section of the Eastern Part of Southern Foundation Trench of Building Foundation F47

石家河文化瓮棺墓 M354
Urn Burial M354 of the Shijiahe Culture

"柱列式"房屋建筑 F53 的柱洞组
Posthole Group of the Column-mounted House Foundation F53

测年数据也显示，整个发掘区堆积单位主要分为两个阶段，晚期集中于 2200～1950BC，早期集中于 2450～2200BC。这批石家河文化时期遗存的发现向前延伸了孙家岗遗址文化堆积的时间跨度，更为研究洞庭湖地区从石家河文化向肖家屋脊文化演进的过程与机制提供了宝贵的基础资料。

第三，发掘揭露了一批房屋建筑遗迹。

除前文所述 F47 外，本次对孙家岗遗址北部居址区的发掘还揭露层位关系明确的房屋建筑 43 座，可分为两种类型。

一是"柱列式"房屋，计有 29 座。此类房屋建筑除台基或垫土外，仅见成组的柱洞遗迹，多可辨出一定的排布规律。如 F53，总面积 72 平方米，有排布规律而整齐的 3 列 5 排柱洞，柱洞直径 0.5～0.7 米。又如 F69，由一大批直径仅 0.03～0.07 米的小柱洞组成，发掘区内所揭露局部就计有柱洞 135 个，分布面积约 56 平方米，可辨近南北向排列的两个分间，西侧、南侧均有廊道围绕。

二是"基槽式"房屋，计有 14 座。此类房屋建筑除垫土外，仅见围成方形的基槽，基槽多宽 0.2～0.4 米，深度不等，推断为一种土坯墙式建筑。典型如 F74，整体呈东西向长方形，西端部分延伸至发掘区外，已揭露部分总面积 78 平方米，有南北两进，东西向已揭露部分有隔间 4 个。

另外需注意的是，发掘区最底部开口于石家河文化堆积之下，并打破原生土的房屋建筑遗迹中既有"柱列式"又有"基槽式"，前述 F74 与 F69 也大致处于同一层位，更晚些的肖家屋脊文化时期典型"柱列式"建筑 F53，其同层位也见有"基槽式"建筑 F58。因此，"柱列式"与"基槽式"两种房屋建筑遗迹从早至晚一直都并列存在，这为研究洞庭湖地区乃至整个长江中游地区石家河文化至肖家屋脊文化时期的房屋建筑形态、居住情况及当时的家庭组织等增添了新材料。

（供稿：赵亚锋　秦宇　周华）

"基槽式"多间房屋建筑 F74
Multi-room House Foundation F74 with Foundation Trenches

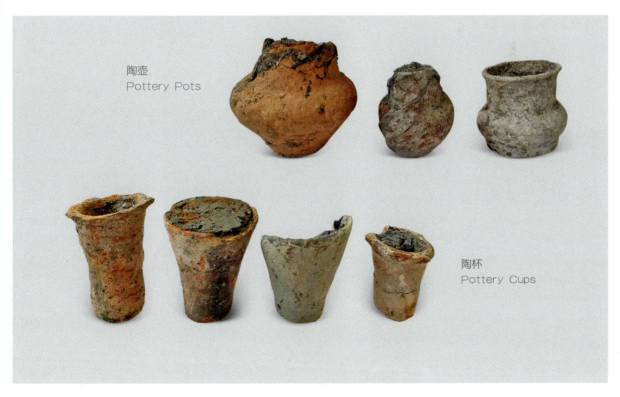

陶壶
Pottery Pots

陶杯
Pottery Cups

陶塑
Pottery Sculptures

石镞
Stone Arrowheads

石矛
Stone Spears

石杵
Stone Pestle

The Sunjiagang Site is atop a northwest-southeast-oriented oval-shaped hillock in the west of the Liyang Plain in Hunan Province, comprising a cemetery and moat-encircled residential area, with a total area of about 210,000 sq m. From October 2022 to June 2023, the Hunan Provincial Institute of Cultural Relics and Archaeology and others excavated the northern part of the residential area, covering around 500 sq m. The work obtained gains in three aspects: first, archaeologists found a building foundation F47 with four connecting rooms and a corridor in the northern part of the residential area, which shares a similar layout with the building foundation F13 found in the southern part in 2020, indicating the paradigm for constructing the settlement's public architecture during the Xiaojiawuji Culture; second, it is the first time that a set of remains of the Shijiahe Culture in the residential area were systematically excavated, extended the time span of the site's cultural accumulations; third, the work uncovered considerable architectural remains with clear superposition relationships, mainly constructed in trench and column foundations, and the two types coexisted throughout the site's occupation.

青海同德宗日遗址
2022～2023 年发掘收获

EXCAVATION RESULTS OF ZONGRI SITE IN TONGDE, QINGHAI , 2022-2023

宗日遗址位于青海省海南藏族自治州同德县巴沟乡团结村黄河北岸的二级台地上。遗址所处台地被季节性河流塔那隆沟分为东、西两部分，古遗存分布在台地南部相对独立的 10 个舌状台地前沿，总面积约 8 万平方米。宗日遗址于 1982 年在全国第二次文物普查工作中被发现。1994～1996 年，青海省文物处与西北大学曾对该遗址进行过较大规模的发掘，清理墓葬 341 座、灰坑 18 个、祭祀坑 18 座，发现一批夹砂质、器表呈乳白色并以紫红色彩绘鸟纹与折线纹的陶器，清理的墓葬中存在较大比例的俯身直肢葬及二次扰乱现象。发掘者依据这些新见文化面貌提出了"宗日文化"的命名。

为进一步深化对宗日文化的认识，推进河湟文化的研究阐释，自 2020 年起，青海省文物考古研究院与河北师范大学、南京大学组成联合考古队对宗日遗址的东一、东二、东四台地进行了考古发掘，获取了丰富的新材料，尤以遗址东四台地（2022～2023 年Ｖ区）的发现最为重要。现将发掘情况介绍如下。

Ｖ区处于遗址东四台地南部，位于 1994 年发掘区北侧。2022～2023 年共布探方 10 个，发掘面积约 1000 平方米。该区域地层堆积较为简单，共分 2 层。第①层，耕土层，厚 0.14～0.19 米，黄色沙土，土质疏松，夹杂大量植物根茎及少量炭物质，包含少量绳纹陶片。第②层，垫土层，厚 0.05～0.32 米，黄色沙土，土质较致密，孔隙较少，包含较多夹砂乳白陶、泥质红陶等，纹饰以绳纹、彩绘弦纹为主。这两层均为现代堆积，绝大多数遗迹开口于第②层下，打破生土。

该发掘区现共清理房址、墓葬、灰沟、灰坑、柱洞等各类遗迹 1200 余处。

房址 12 座，分半地穴式、石砌地面式两种形制。另还应存在木架地面式房屋遗存。

发掘区地层剖面（2022QTZⅤT5 北壁）
Section of the North Wall of 2022QTZ Ⅴ T5

半地穴式房址（2023QTZⅤF1）
Semi-subterranean House Foundation 2023QTZ Ⅴ F1

半地穴式房址（2023QTZⅤF1）与活动场地
Semi-subterranean House Foundation 2023QTZ Ⅴ F1
and the Event Space

半地穴式房址　11 座。以 2023QTZⅤF1 较为典型，平面呈不规则形，直壁，平底，开口长约 1.9、宽约 1.9、深约 0.7 米。壁面以细泥涂抹，底部居住面中央见有一直径约 1.6 米的圆形灰迹范围，灰迹内出土大量齐家文化时期陶器残片。部分房址外围见有活动场地，场地内可见零星白灰与踩踏面。在房址与活动面周边见有零星柱洞。

石砌地面式房址　1 座（2022QTZⅤF4）。位于发掘区东部，平面呈长方形，方向 58°，长 4.8、宽 3.9 米。因受齐家文化时期季节性冲沟影响，房址仅存东南、西南两处墙基与部分倒塌石块堆积。墙基采用双层立石板围砌，宽 0.44～0.46、残高 0.13～0.41 米。室内发现有零星踩踏面，厚约 0.05 米，东部踩踏面上见有直径约 0.38 米的圆形用火痕迹。室内堆积中见有齐家文化篮纹陶片。

此外，遗址发现的大量柱洞应均属木架地面式建筑遗存，因柱洞原始开口层位不明，且均打破同一层，暂难以确定柱洞的组合关系，木架地面式建筑数量还需进一步核定。发掘区西南部分布有密集的柱洞，可能就与木架地面式建筑的使用、重建与扩建有关。该区域应为宗日文化时期房址密集分布区。

墓葬　10 座，包括竖穴土坑墓、瓮棺葬两类。

竖穴土坑墓　3 座，其中迁入葬 1 座。以 2022QTZⅤM3 保存较好，开口平面呈圆角长

北

石砌地面式房址（2022QTZ Ⅴ F4）
Stone-built Above-ground House Foundation (2022QTZ Ⅴ F4)

竖穴土坑墓（迁入葬2022QTZ Ⅴ M1）
Vertical Shaft Earthen Pit Tomb 2022QTZ Ⅴ M1 (Relocated)

竖穴土坑墓（2022QTZ Ⅴ M3）木棺盖板痕迹
The Remains of the Wooden Coffin Cover of the Vertical Shaft Earthen Pit Tomb 2022QTZ Ⅴ M3

竖穴土坑墓（2022QTZ Ⅴ M2）
Vertical Shaft Earthen Pit Tomb 2022QTZ Ⅴ M2

竖穴土坑墓（2022QTZ Ⅴ M3）
Vertical Shaft Earthen Pit Tomb 2022QTZ Ⅴ M3

瓮棺葬（2022QTZ Ⅴ W2）
Urn Burial 2022QTZ Ⅴ W2

袋状平底灰坑（2022QTZ Ⅴ H145）
Bag-shaped Ash Pit 2022QTZ Ⅴ H145 with Flat Bottom

圜底灰坑 2023QTZ Ⅴ H113 坑壁二分之一解剖情况
Half Section of the Round-bottom Ash Pit 2023QTZ Ⅴ H113

方形，方向 331°，直壁，平底，长 3.7、宽 1.8、深 0.7～1 米。墓室内见有木棺痕迹，整体由盖板、侧板、前后挡板组成。棺外填土内发现有较多石块，棺内见有成年人骨 1 具，头向西北，俯身直肢，左臂折于背后。墓内随葬马家窑文化泥质彩陶壶、盆，宗日式夹砂彩陶壶、罐、碗，另发现有绿松石牌饰。

瓮棺葬　7 座。以 2022QTZ Ⅴ W2 保存较好，开口平面呈圆角方形，剖面呈袋状，平底，开口边长约 0.5、深约 0.52 米。坑内堆积仅有 1 层，填土为红褐色沙土，土质疏松。坑内见有立石板，石板北侧有由陶瓮、罐组成的葬具，内有较完整的 9～18 个月大的婴儿骨骼，随葬有小陶罐和骨珠 5 颗。葬具及随葬陶器均为宗日式陶器。

灰坑　533 个，平面形状有圆形、不规则形两种，剖面有袋状平底、圜底两种。

袋状平底坑以 2022QTZ Ⅴ H145 保存最佳，开口平面呈圆形，弧壁，平底，剖面近袋状，开口直径约 1.5、深 0.47 米。坑内出土大量陶片与动物骨骼，陶片多为夹砂乳白陶，均属宗日式陶器。

圜底坑以 2023QTZ Ⅴ H113 保存较好，开口直径约 2.5、深 1.28 米。坑口外环绕数个柱洞，坑壁四周见有阶梯状生土台，底部铺有较多石块。坑内填土中出土大量陶片、动物骨骼，陶片具有宗日式特征。

灰沟　7 条。以 2023QTZ Ⅴ G1、2023QTZ Ⅴ G3 较为重要。2023QTZ Ⅴ G1 位于发掘区西北部，整体呈西南—东北向，揭露部分长 16.3、宽 1.5～1.9、深 0.5～0.7 米。口大底小，沟壁斜直，平底。沟内堆积可分 2 层。出土陶片、动物骨骼、石块等。陶片主要以夹砂粗陶为主，兼有少量泥质彩陶。2023QTZ Ⅴ G3 位于发掘区东北部，整体呈西北—东南向，揭露部分长 10.5、宽约 2、深 0.5～0.9 米。口大底小，沟壁斜直，平底。两条沟均为人工开挖，出土陶器具有宗日式特征。值得注意的是，在 2023QTZ Ⅴ G1 上有成排的柱洞，可能为栅栏遗存。

柱洞　645 个。分布密集，排列规律不甚明显。部分柱洞围绕在房址、灰坑周边。开口直径 0.15～0.4、深约 0.2 米。少量柱洞内见有残留的木柱与垫层，底部有柱础石或垫有宗日式陶器残片。

Ⅴ区出土器物数量丰富，以陶、石、骨器为主。陶器以宗日式陶器、马家窑文化彩陶为主，还有少量齐家文化、卡约文化陶器。器类有壶、罐、杯、碗、器盖、骨器磨具等。石器打制、磨制兼存，器类有刀、锛、斧、凿、圆形石片、盘状器、珠、细石核、细石叶等。骨器常见梗刀、锥、针、笄、鱼钩、珠、牌饰、牙锥等。玉器数量较少，器类仅有凿，还有少量青绿色废料。

北

西北部灰沟（2023QTZ Ⅴ G1）
Ash Trench 2023QTZ Ⅴ G1 in the Northwest

北

东北部灰沟（2023QTZ Ⅴ G3）
Ash Trench 2023QTZ Ⅴ G3 in the Northeast

柱洞（2022QTZ Ⅴ T1D12）
Posthole 2022QTZ Ⅴ T1D12

柱洞（2022QTZ Ⅴ T1D14）
Posthole 2022QTZ Ⅴ T1D14

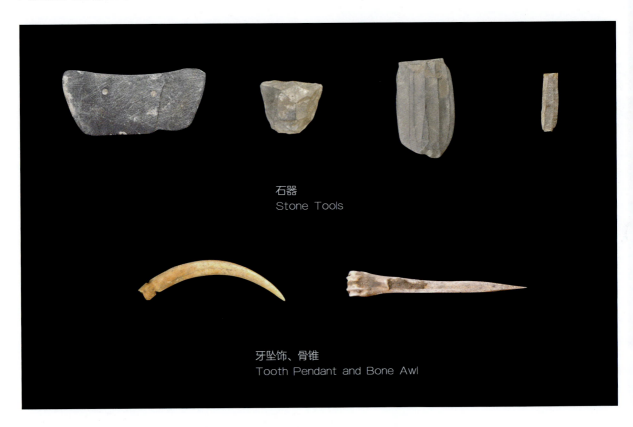

石器
Stone Tools

牙坠饰、骨锥
Tooth Pendant and Bone Awl

　　2022～2023 年在宗日遗址东四台地清理的生活居址，遗迹数量众多，叠压打破关系复杂。近现代农耕活动对遗迹原始开口层位造成较大扰动，导致对遗迹间相对年代的判断较为困难。但从出土器物特征来看，该生活居址应至少经历宗日文化、齐家文化、卡约文化三大时期，反映出不同时期人群对该居址的反复利用。三种不同形制房屋建筑与分布密集柱洞的发现，为研究当时的房屋结构、建筑技术提供了新资料，亦对研究宗日文化内涵与谱系、聚落形态、生业模式、社会组织结构以及探索青藏高原农业人群与文化传播、农牧互动、人与自然的动态适应过程等课题具有重要意义。

　　　　　　　（供稿：李冀源　马骞　施兰英　乔虹）

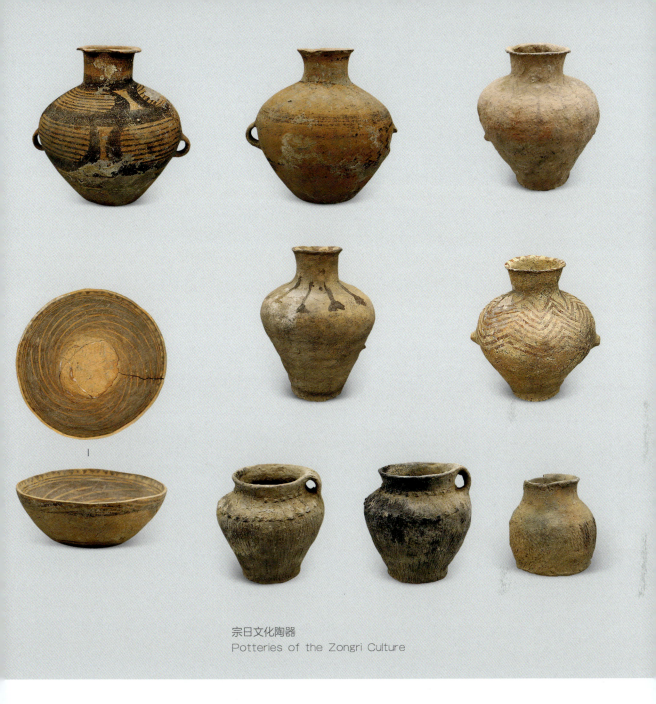

宗日文化陶器
Potteries of the Zongri Culture

The Zongri Site is located on the secondary terrace on the north bank of the Yellow River in Tuanjie Village, Bagou Township, Tongde County, Hainan Tibetan Autonomous Prefecture, Qinghai Province. The "Zongri Culture" has been named by archaeologists in the 1990s. Since 2020, the Qinghai Provincial Institute of Cultural Relics and Archaeology and others have excavated the terraces East 1, East 2, and East 4 at the site, gained the most significant discovery during the excavation of the core residential area on the East 4 terrace. Within a 1,000-square-meter area, archaeologists uncovered more than 1,200 remains that varied in house foundations, burials, ash pits, ash trenches, and postholes. Also, according to the features of substantial unearthed artifacts, the residential area has been occupied throughout at least three periods of the Zongri Culture, the Qijia Culture, and the Kayue Culture. The excavation of the residential area on the East 4 terrace provides essential information for studying the connotation and genealogy, settlement and subsistence patterns, as well as social organization and structure of the Zongri Culture.

浙江湖州
毗山遗址

PISHAN SITE IN HUZHOU, ZHEJIANG

毗山遗址位于浙江省湖州市吴兴区湖东街道毗山村，属东苕溪下游、太湖南岸地区，地理坐标为北纬 30°51′55.4016″，东经 120°07′58.1158″，面积约 100 万平方米，主要时代为新石器时代晚末期和夏商时期。

遗址发现于 1957 年，后经多次调查确认并被公布为省级文物保护单位，2013 年被公布为全国重点文物保护单位。1995～2008 年，曾在遗址西部、南部进行过六次考古发掘，出版有《毗山》考古报告。为进一步揭示毗山遗址聚落结构、完

火墙圈地点壕沟解剖情况（TG17 西壁）
Section of the Moat at Huogiangquan Location (West Wall of the Trial Trench TG17)

晚期堆积

壕沟

60

善浙江先秦考古学文化序列，2014年，浙江省文物考古研究所与湖州市文物保护管理所等单位组成考古队，对遗址开展了持续的主动性考古工作。特别是近两年，在聚落考古、考古学文化探索等方面取得了阶段性的重要突破。

首先，发现了围绕昆山山体的一周壕沟。壕沟西部依托三里桥河和龙溪港，沿昆山山前一带分布，平面近南北向椭圆形，面积约33万平方米。考虑到三里桥河经过拓宽，环壕内面积实际可达35万平方米。勘探显示壕沟最宽处约40、深1～4米，堆积主要为深灰褐色土。环壕北（五爿头）、东（陶家田）、南（火墙圈）段皆经过发掘确认。经 ^{14}C 测年和遗物分析，其主体使用年代为后马桥文化时期，其中五爿头地点堤岸的形成年代可早至马桥文化。

其次，在壕沟以内、昆山南部的麻雀田地点发现了一批集中分布的建筑遗存，证实这是聚落的核心分布区。

麻雀田西区建筑基址分布示意图（上为北）
Diagram of the Distribution of Building Foundations in the West Area of Maquetian Location（Top is North）

麻雀田建筑基址 3 沟槽底部枕木清理情况

Sleepers at the Bottom of the Trench of Building Foundation No.3, at Maquetian Location

麻雀田建筑基址 6 整体及解剖情况

Building Foundation No.6 and Its Sectional View, at Maquetian Location

麻雀田东区为小型房址区，房址皆为基槽式，平面近长方形。如 F3，东西长 11.7～11.86、南北宽 3.78～4.32 米。有两个隔间，西隔间长 1.92～2.04 米（内边），东隔间长 8.32～8.42 米（内边）。门道在南部，可能有两个。G1 位于 F3 南部，有共时关系，揭露部分长 14、宽 7.1～16.05、最深处 1.5 米。沟底、沟壁经人为加工。沟内堆积共分 10 个小层，堆积方向是从两边向中间倾斜，从西向东倾斜。G1 南部发现偏早阶段的基槽 1，东西向，揭露部分长 27.5、宽 0.35～0.45、深 0.5 米，基槽内等距（0.3～0.4 米）分布众多小柱洞，直径 0.1～0.15 米，可能是围栏或墙类遗迹。

麻雀田西区为大型建筑基址区，多为干栏式建筑，由基槽和柱网组成，目前发现 9 座（组）。层位关系、出土器物及测年情况表明，这批建筑基址可以分为由早至晚的三期。第一期建筑长轴方向约 90°，坐北朝南，共 7 座。其中，基址 6 揭露较完整，由三排基槽和一排柱坑组成，占地面积约 420 平方米。三排基槽内皆残存木柱和垫板，应为建筑的主柱。前排柱坑埋深较浅且无垫板，应为廊柱基础。基址 6 北侧、南侧分布有灰坑，部分可能与房址使用有关。第二期建筑以基址群 1 为代表，长轴方向 170°，由基址 2、基址 8、基址 9、基址 10 和高台建筑组成，干栏式建筑与高台式建筑相结合，占地面积约 3400 平方米，是目前所见晚商时期中国南方地区同类型建筑遗存中最大的一处。基址群中部干栏式建筑之基槽填土与高台建筑下部堆土基本一致，中间无间隔地层，应是统一规划施工建造。其中，基址 2、基址 9 按照柱网、基槽分布情况还可以进一步细分小单元。高台建筑的堆土范围约 2100 平方米，厚约 3.5 米，下层为黄褐色花斑土，上层为沙土混合层，层状明显并有分块的现象。台顶发现厚约 1.2 米的烧土堆积，内部可见明显烧土墙块。烧土堆积下发现较多近完整的器物，如印纹硬陶罐、原始瓷豆和器盖以及石器、铜器等，应为与建筑同期的使用器物。基址群东北和东部边缘还发现有同时期的沟状遗迹。第三期建筑即基址 1，长轴方向 153°，残长 30.5、宽 7 米，面积约 213 平方米。

历年的考古工作证实环壕外围还分布有较多遗址点，可能具有功能上的规划区分。金家坵位于环壕外西南部，2004 年曾做过小规模发掘，

邢家坅 T1329、T1429 北壁剖面
Section of the North Wall of Excavation Squares T1329 and T1429 at Xingjiadou Location

发现有大量烧制变形的泥质陶豆、罐等，应为制陶作坊遗存。邱家墩位于环壕外正南部，在此发现有大面积黄土范围、柱洞、灰坑、灰沟等，时代以后马桥文化、西周和东周时期为主。邢家坅位于环壕外东南部，之前勘探有东西向河道，经发掘确认河道的年代以后马桥文化和东周时期为主，河道经历了三个使用阶段。河道东部应为居址，但大部分被现代村庄占压无法发掘。

昆山遗址出土器物年代主要为后马桥文化时期，层位关系明确，早于西周、晚于马桥文化晚期，^{14}C 测年数据集中于 1300～1000BC。典型陶器有鼎、甗、盘、豆、刻槽盆、器盖等，以及直口或高领印纹硬陶罐，另出土有少量石刀、石戈、铜矛、铜镞等。初步整理结果显示，这批遗存至少可分为早晚两期，以 G1 第⑤～⑩层和 G1 第①～④层为代表。早期阶段，夹砂陶、泥质陶较多，硬陶其次，原始瓷最少；素面为主，其次为绳纹，梯格纹较多，另有少量圈点纹、窄梯格云雷纹；陶甗唇部稍薄，鬲足较高，三足盘斜弧腹，锥状足多。晚期阶段，夹砂陶、泥质陶亦较多，硬陶比例上升，原始瓷最少；仍以素面为主，其次为绳纹，圈点纹、窄梯格云雷纹、复线云雷纹或回纹增多，席纹、云雷纹较方正；甗的唇部加厚，足尖外撇和羊角把的鼎增多，外斜沿的釜多见，鬲足较矮，三足盘折腹明显，足根部截面多呈椭圆形，原始瓷盂、豆直口愈加明显。

综上，昆山遗址考古工作的价值与意义大致有四个方面。一是初步揭示了昆山遗址新石器时代至商周时期聚落结构的历时变化——新石器时

代聚落主要围绕昆山山前一带；马桥文化时期略有扩展；后马桥文化时期聚落规模达到最大，即90余万平方米，是东苕溪流域乃至太湖东南部地区的中心性聚落；两周时期聚落不成规模，环壕已被废弃填平。二是出土器物丰富，层位关系明确，为"昆山文化"的提出提供了丰富的基础材料；文化命名有助于明确社会发展阶段，完善环太湖地区先秦考古学文化谱系，推动吴越文化起源研究走向深入。三是聚落核心区发现了众多大型建筑基址，为中国先秦时期建筑考古学研究积累了宝贵素材。四是发现了较多外来文化因素，有助于进一步推动区域文化交流以及社会复杂化等研究工作。

（供稿：闫凯凯　刘建安　罗汝鹏　陈云）

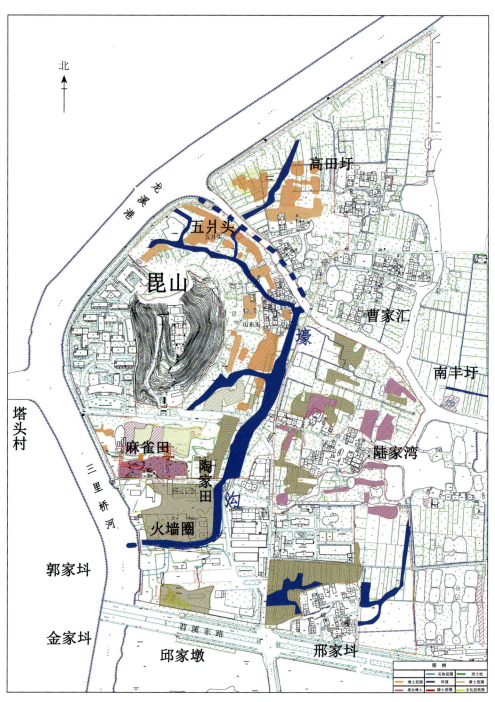

昆山遗址勘探成果及结构示意图
Survey Results and Structural Diagram of the Pishan Site

原始瓷豆
Proto-porcelain *Dou*-stemmed bowl

原始瓷豆
Proto-porcelain *Dou*-stemmed bowl

原始瓷豆
Proto-porcelain *Dou*-stemmed bowl

陶三足盘
Three-legged Pottery Plate

印纹硬陶罐
Stamped Hard Pottery Jar

陶鬲
Pottery *Li*-cauldron

陶罐
Pottery Jar

铜器残件
Bronze Fragments

石戈
Stone *Ge*-dagger Ax

刻槽陶盆
Grooved Pottery Basin

石刀
Stone Knife

The Pishan Site is in Pishan Village, Hudong Street, Wuxing District, Zhejiang Province, with a total area of around 1 million sq m. The Zhejiang Provincial Institute of Cultural Relics and Archaeology and others have conducted a series of active fieldwork at the site since 2014 and have lately made critical breakthroughs in stages in settlement archaeology and archaeological culture. Archaeologists found a moat encircled Mount Pi (pishan), stretching about 330,000 sq m, and discovered many large building foundations at the Maquetian Location within, which should be the core area of the settlement. Many other spots of remains, primarily equivalent to the Houmaqiao Culture, are scattered outside the moat and can be functionally distinguished into pottery workshops and residential areas. When developed into the late Shang Dynasty, the settlement had expanded to more than 900,000 sq m, becoming the central settlement across the southeastern part of Lake Tai. The excavation provides significant materials for in-depth studies on the cultural genealogy of the pre-Qin Archaeology in the Lake Tai rim, as well as the origin of the Wu and Yue Cultures.

河南郑州商都
书院街商代贵族墓地

SHUYUANJIE CEMETERY OF THE SHANG ARISTOCRACY IN ZHENGZHOU SHANG CITY IN HENAN

2021～2023 年，郑州市文物考古研究院在郑州商都遗址内城东南发现了商代白家庄期高等级贵族墓地。墓地位于河南省郑州市紫荆山路以东、东大街以南、书院街北侧，由兆沟、通道、墓葬、祭祀遗存等组成，兆域面积 3 万余平方米，是郑州商都遗址首次发现的时代明确、结构清晰、功能完备的白家庄期高等级贵族墓地。

兆沟系人工挖掘。南兆沟（G1）发掘 150 余米，东段向北转向延伸，西段残缺。北兆沟（G5）中部残缺，东段发掘长 45、西段发掘长 6 米，复原长 140 余米，并向两端延伸。勘探、发掘情况表明，兆沟经过三次疏浚开挖，整体平面呈圆角长方形，东西长约 240、南北间距约 130 米，其建造、使用、废弃年代均为商代白家庄期。

通道 3 处。通道 I 位于南兆沟西段，现宽约 2.5 米，系借用原第 I（二里岗上层二期）、II（二里岗下层一期）组夯土建筑废弃后的地基作为进出墓地的地面通道，挖沟时留取一段地基不动，在两侧开挖兆沟。通道 I 南侧残存三个柱洞，应为墓地通道外侧的门房类建筑遗存。通道 II、通道 III 位于北兆沟东段，为两处相邻的栈桥式结构。通道 II 位于 T1614 内，为沟内栽设两排南北向木桩支撑的栈桥式结构，经过处沟宽约 5 米，每排柱洞 8 或 9 个，两排柱洞间距约 1.6 米。通道北侧残存柱洞 8 个，为通道外侧相关建筑遗存。通道 III 位于 T1615 内，为沟内栽设三排东西向木桩

支撑的栈桥式结构，每排残存柱洞 7～9 个，多数柱洞内有柱础石。三排柱洞均深入生土层，分布范围东西长约 8、南北宽约 3.5 米。通道 II 与通道 III 推测为一废一兴的关系，西侧通道 II 毁坏废弃后，在东侧又兴建了一处规模更大的通道 III。二者南侧残存路土，东西长约 3、南北残宽约 1、残厚 0.02～0.06 米，应为通向墓地的道路。

墓葬 20 座。均为竖穴土坑墓，近南北向，排列有序，主要分布于墓地的东部偏北。其中，铜器墓 3 座（M2、M24、M30）。

M2 位于墓地东部南北兆沟的中间位置。平面呈长方形，残存底部，南北长 2.6、东西宽 1.1、残深 0.35～0.55 米，方向 198°。墓内北部残存部分人骨，经鉴定共 3 人。墓底发现殉狗坑 6 个，头部、腰部及四角各 1 个。墓内出土随葬器物 216 件，包括铜器、金器、玉器、绿松石器、海贝等。其中，铜器有罍、鼎、盉、鬲、瓿、盘、斗、斝、爵、觚、斨、戈、刀、镞、覆面等，金器有覆面、黄金绿松石牌形饰、泡、金箔等，玉器有戈、钺、柄形器、猪、鱼等。M2 是郑州商都遗址目前出土随葬器物数量最多、种类最丰富、组合最完整、等级最高的贵族墓葬。

M24 位于 M2 东偏北 20 余米处。平面呈长方形，长 2.52、宽 0.9、深 0.35～0.7 米，方向 6°。墓内发现人骨 3 具，均头向北。中间人骨为俯身直肢葬，男性，25～30 岁；西侧人骨为侧身

通道Ⅰ
Passageway Ⅰ

通道Ⅱ与通道Ⅲ
Passageways Ⅱ and Ⅲ

直肢葬，面向中间，女性，20～23岁；东侧人骨约15岁，疑为女性，侧身，躯体略屈，面向中间人骨。出土铜器8件，有鼎、鬲、斝、爵、觚、戈等，集中分布在墓内北端，呈毁器葬，另有玉璜、玉蝉形管、圆陶片等。墓底有腰坑，葬狗1只，出土玉璜1件。

M30位于M24以北约12米。平面呈长方形，长2.06、宽0.68、深0.12～0.3米，方向186°。墓主头向南。出土铜爵、斧、錾手、针、铜片及玉柄形器、石铲、圆陶片等。

M2 底部殉狗坑
Sacrificial Pits with Dogs at the Bottom of Tomb M2

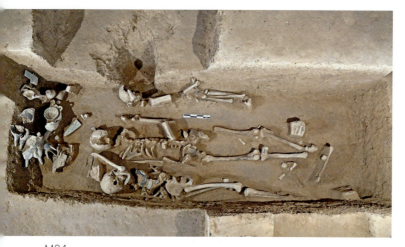

M24
Tomb M24

兆沟内密集的祭祀遗存
Densely Distributed Sacrificial Remains in Enclosed Trench

祭祀遗存包括猪坑 2 个、牛角坑 15 个、人牲坑 2 个。祭祀形式有墓底多坑殉狗、腰坑殉狗、沟内祭祀、单牲祭祀、人牲祭祀等。

墓地南兆沟附近东西分布有 6 组夯土建筑基址，分为长方形多间排房式建筑和四合院式建筑，建筑时代为商代二里岗下层一期至白家庄期。

第 I 组建筑为南北向四间排房结构，残存部分夯土墙基槽，南北长约 16、东西宽约 6.2 米，部分叠压于第 II 组建筑之上，时代为二里岗上层二期。

第 II 组建筑结构为四合院式，坐北朝南。北部正房残存版筑夯土基础，近方形，南北长约 12.5、东西宽约 12.1 米。版筑夯土南侧残留 8 个南北向柱础坑，东西两排，每排 4 个，为院内的南北向通道。东、西厢房分布于院内通道两侧，残留部分墙基槽，东厢房呈狭长方形，西厢房近方形。正房版筑夯土底部铺垫有互相交织的横向、纵向、立向桩木，这些排列有序的木桩类似现代建筑的桩阀式基础，为加固底部夯土的特殊构造，在商代房屋建筑基址中系首次发现。时代为二里岗下层一期。

第 III 组建筑位于第 II 组建筑南侧，残存少量墙基槽、版筑夯土，建筑结构不详，时代为二里岗下层一期。

第 IV 组建筑结构为东西向排房，残存墙基槽、柱础坑、室内夯土等遗迹，叠压打破第 V 组建筑，南北两侧有门道，整体范围东西长 17.9、南北宽 5.6 米，时代为白家庄期。

第 V 组建筑结构为四合院式，坐北朝南，残存有柱础坑、墙基槽、室内夯土等遗迹。正房三间，东西长 14.3、南北宽 5.1 米，南北两侧有门道结构。东西厢房，结构残，东厢房东西长 3.9、南北宽 3.2 米，西厢房东西长 4.9、南北宽 3.2 米。正房北侧有廊庑结构。整体范围东西全长 23.9、

M2 出土黄金绿松石牌形饰
Gold and Turquoise Plaque Unearthed from Tomb M2

人牲坑
Sacrificial Pit with Human

M2 出土铜礼器（部分）
Ritual Bronzes Unearthed from Tomb M2 (Partial)

M24 出土玉璜
Jade *Huang*-semi discs Unearthed from Tomb M24

南北宽 7 米。时代为二里岗上层一期。

第Ⅵ组建筑残存版筑夯土基础，结构不详，时代为白家庄期。

根据白家庄期建筑（第Ⅳ、Ⅵ组）与墓地的位置关系、共时性等综合分析，推测建筑与墓地兆域可能存在某种结构与功能上的关联。

书院街墓地展现了郑州商代王都丰富的文化内涵，在商文明演进中表现出承上启下的关键文化形态。墓地丧葬礼制规范、文化传承有序并有多项突破性发现，对探讨郑州商都兴衰演变及早期国家丧葬礼制的形成与发展等意义重大。

第一，本次发掘发现了目前我国最早的贵族墓地兆域，墓地及其附近的同期建筑为探讨中国古代陵寝制度的发展提供了新资料。

第二，墓地主墓 M2 随葬铜器组合完整、种类丰富、器类新颖，填补了中商早段青铜文化的空白。

第三，M2 随葬的由扇贝形金覆面、铜覆面组成的覆面礼器组合，由先商、早商墓葬中扇贝贝壳覆面发展而来，并延续至晚商，是商代贵族特有的一种丧葬礼器文化形态，扇贝形覆面习俗对认识商文化提供了新视角。

第四，M2 出土金覆面、金泡、黄金绿松石牌形饰等金器的材质、种类、黄金加工技术、绿松石镶嵌工艺，以及黄金制品的大型化、本土化等，均标志着这一时期中国黄金文明的成熟。

第五，墓地兆域的完整性、系统性，通道的设置，墓葬的分布，殉狗等祭祀形式，以及铜器、玉器、黄金礼器组合等方面表明，在中商早期，作为早期王权国家礼制重要组成部分的贵族丧葬规制已成熟。

（供稿：黄富成　侯新佳　吴倩）

M2 出土铜戈
Bronze *Ge*-dagger axes Unearthed from Tomb M2

M2 出土铜斨
Bronze *Qiang*-axes Unearthed from Tomb M2

M2 出土玉戈
Jade *Ge*-dagger ax Unearthed from Tomb M2

M2 出土金泡
Gold *Pao*-ornament Unearthed from Tomb M2

M2 出土海贝
Seashells Unearthed from Tomb M2

M2 出土铜覆面
Bronze Mask Unearthed from Tomb M2

M2 出土金覆面
Gold Mask Unearthed from Tomb M2

M24 出土铜爵
Bronze *Jue*-cups Unearthed from Tomb M24

The Shuyuanjie Cemetery of the Shang aristocracy is in the southeast of the inner city of Zhengzhou Shang City, consisting of enclosed trenches, access passages, well-arranged burials, and various types of sacrificial remains, covering an area of over 30,000 sq m. It is a high-level cemetery for noblemen dating to the Baijiazhuang Phase of the Shang Dynasty, with certain structure and function and unearthed considerable well-made artifacts. The cemetery's chief burial M2 found a complete set of bronzes, which are rich in type and unique in shape, filling the gap in the bronze culture of the early phase of the mid-Shang period. The ritual masks made of gold and copper were a specific cultural form of funeral ritual vessels possessed by the Shang aristocracy. The standardized funeral etiquette and orderly cultural inheritance demonstrated through the cemetery provide essential materials for exploring the evolution of Zhengzhou Shang City, as well as the formation and development of funeral etiquette of the early state.

M121

Tomb M121

器和玉器在内的绝大多数随葬器物在出土时呈破碎状态，经拼对修复后，发现均有局部缺损的现象，故推测可能存在碎物葬的习俗。现以具有代表性的 M37、M49、M55、M92、M121 为例加以介绍。

M37　平面呈狭长方形，开口长 4.05、宽 0.78～0.86 米，墓底长 3.64、宽 0.7～0.72 米，残深 0.32～0.66 米，方向 322°。墓室南壁设有生土二层台，由北向南倾斜，边缘呈弧形，宽 0.21～0.28、距墓底 0.34～0.4 米。开口以下约 0.06 米处发现独木棺葬具痕迹，棺痕长 3.6、宽 0.6 米。随葬器物共 5 件，均为陶器，有鼎、瓿形器、纺轮等，出土时除纺轮外均呈碎片状，且相对集中地分布在墓室中部和北部。

M49　平面呈狭长方形，开口长 3.9、宽 0.9～1 米，残深 0.7～0.9 米，方向 326°。葬具为独木棺，棺痕长 3.3、宽 0.7～0.76 米。墓口及棺痕均是南端稍宽、北端稍窄。随葬器物包括硬陶瓿、陶瓿形器、陶鼎、陶罐等，其中陶器和硬陶器在出土时均呈碎片状，整体分布在棺痕以外，位于墓室南部，靠近东、西墓壁。

M55　平面呈狭长方形，北端稍窄、南端稍宽，开口长 2.54、宽 0.84～0.9 米，残深 0.63 米，方向 356°。南、北墓壁见有生土二层台，其中南壁二层台宽 0.11～0.14、台面距墓底约 0.06 米，北壁二层台宽 0.18～0.2、台面距墓底约 0.1 米。葬具为独木棺，棺痕长 2.2、宽 0.7～0.72 米。随葬器物包括残铜片、陶豆、陶鼎各 1 件。器物出土时呈碎片状，相对集中地分布在墓室北部，靠近墓壁，陶豆的部分残片落入棺痕以内。

M92　平面呈狭长方形，开口长 4.2、宽 0.88 米，残深 0.64 米，方向 308°。开口下约 0.34～0.36 米处发现有独木棺葬具痕迹，棺痕长 3.78、宽 0.74、残高 0.3 米。随葬器物包括硬陶瓿、陶瓿形器、陶釜、陶纺轮等，出土时除纺轮外均呈碎片状，相对集中地分布在墓室南部。

M121　平面呈狭长方形，西端稍宽于东端，开口长 5.96、宽 1.12～1.26 米，墓底长 5.44、宽 0.8～0.9 米，残深 1.2～1.3 米，方向 268°。墓口下 0.5～0.64 米处发现独木棺葬具痕迹，棺痕长 5.34、宽 0.92 米。随葬器物共 7 件，包括陶釜 2 件、陶瓿形器 1 件、硬陶瓿 1 件以及铜戈、矛、镦各 1 件。陶器均集中分布在墓室东端，呈碎片状，大部分陶片位于棺内近墓壁处，也有少量碎片位于棺与墓壁之间。铜器出土位置均在棺痕以内，其中戈叠压在矛之上。

黑鱼岭墓地的年代可依据墓葬随葬器物的基本特征和 ¹⁴C 测年数据来分析。从随葬的主要陶器来看，器形以瓿形器、折沿釜、矮直领罐、粗柄浅盘豆、器盖、扁足鼎为主，特征与以往洞庭

M49 出土硬陶瓿
Hard Pottery *Bu*-container Unearthed
from Tomb M49

M37 出土陶甗形器
Pottery *Yan* (steamer)-shaped
Ware Unearthed from Tomb M37

M37 出土陶鼎
Pottery *Ding*-tripod Unearthed from
Tomb M37

M49 出土陶甗形器
Pottery *Yan* (steamer)-shaped
Ware Unearthed from Tomb M49

湖东岸地区费家河文化陶器器形基本相同，其年代一般认为属商代晚期。此外，如 M49、M92 等出土的硬陶瓿，折肩，弧腹，高圈足，折肩处附一对双联孔的桥形耳，耳两侧饰凹弦纹间短斜线的刻划纹，特征与殷墟遗址所出同类器物特征完全一致，其年代一般认为属殷墟二期前后。另外，黑鱼岭墓地目前共发掘的 98 座墓葬中有 3 座已获得 ^{14}C 测年数据，其中 M1 的年代有 95.4% 的概率落在 1434～1278BC 之间，M10 的年代有 86% 的概率落在 1306～1124BC 之间，M130 的年代有 93.6% 的概率落在 1126～929BC 之间。综合来看，黑鱼岭墓地的主体年代应为商代晚期。

黑鱼岭墓地发掘的意义主要有三点。其一，黑鱼岭墓地为目前中国南方地区已发掘的规模最大的商代晚期墓地之一，且性质如此明确的大规模商代晚期墓地也属长江中游地区的首次发现，发掘过程中清理出的商代独木棺为商周时期中国南方地区使用的独木棺（或船棺）葬具习俗找到了目前所见年代较早的案例，填补了以往相关墓葬资料的空白。其二，黑鱼岭墓地及关联遗址和青铜器的发现，为认识洞庭湖东岸地区以往散见的青铜器提供了考古学文化背景支撑，同时墓葬出土陶器较为丰富，组合关系明确，对于完善洞庭湖东岸地区商代晚期考古学文化的年代序列具有重要意义。其三，这批墓葬均为狭长方形窄坑墓，形制特征与博罗横岭山、衡阳赤石、资兴旧市、桃江腰子仑等湖南和两广地区发现的西周至春秋时期的越人墓基本相同，从而为这类葬俗的出现找到了来源，为探索百越文化源头提供了重要资料。

（供稿：盛伟　赵馨）

M49 出土陶釜
Pottery *Fu*-cauldron Unearthed from Tomb M49

M55 出土陶豆
Pottery *Dou*-stemmed bowl Unearthed from Tomb M55

M55 出土陶鼎
Pottery *Ding*-tripod Unearthed from Tomb M55

M92 出土硬陶瓿
Hard Pottery *Bu*-container Unearthed from Tomb M92

M121 出土陶甗形器
Pottery *Yan* (steamer)-shaped Ware Unearthed from Tomb M121

M121 出土硬陶罐
Hard Pottery Jar Unearthed from Tomb M121

The Heiyuling Cemetery is in Shuangchu Village, Quzici Town, Miluo City, Hunan Province. In 2023, the Hunan Provincial Institute of Cultural Relics and Archaeology continued archaeological fieldwork at the cemetery's southern edge, south of the 2022 excavation area. Archaeologists uncovered 68 tombs of the Shang Dynasty, which were all structured as vertical shaft narrow rectangular earthen pits and primarily in the north-south direction. Remains of tree trunk coffins were found in some tombs; most grave goods, mainly pottery and hard pottery and a little bronzeware, were placed outside the coffins. Most potteries were found damaged, indicating signs of deliberately damaging for funerary purposes. According to artifact features and dating results, these tombs were preliminarily dated back to the late Shang Dynasty. The Heiyuling Cemetery is one of the largest cemeteries of this period being excavated in southern China, placing significance on completing the chronological sequence of the archaeological culture during the late Shang Dynasty on the east coast of Dongting Lake.

云南维西
吉岔遗址

JICHA SITE IN WEIXI, YUNNAN

吉岔遗址位于云南省迪庆藏族自治州维西傈僳族自治县白济汛乡共乐村吉岔自然村，地处澜沧江、永春河、吉岔河交汇处，澜沧江西岸二级台地，中心地区海拔 1706 米。2022 年 2～10 月，为配合基本建设，云南省文物考古研究所、四川大学考古文博学院等单位对吉岔遗址进行了发掘，发掘面积 4000 平方米。

根据地势起伏，发掘时将遗址划分为 I、II 两区。I 区为台地周围低地的环形区域，II 区为台地上的圆台区域，两区地层堆积不尽相同。I 区地层堆积呈坡状，靠近 II 区的内侧高而薄，外侧低而厚，最厚处约 3.8 米，可划分为 14 层。II 区地层堆积亦呈坡状，中心高、四周低，厚薄不一，最厚处约 4.6 米，可划分为 17 层，其间叠压着 5 个活动面（HDM）。I、II 区的地层只有一组叠压关系，即 II 区第②层叠压于 I 区第②层之下，但叠压区域缺失 I 区第③、④层。I 区有开口于第②层下的遗迹被开口于第③层下的遗迹打破的现象，表明 I 区第①～③层要晚于遗迹打破关系的形成。

遗址共清理遗迹 238 个。I 区遗迹类型单一、数量较少，有坑、沟、房址、石墙，主要为疑似环壕的环形沟。II 区发现有坑、沟、建筑、墓葬、窑、炉、火塘、烧土面等，尤以发现的各类与金属冶炼相关的遗迹和石构建筑最具特点。石构建筑平面均呈长方形，由内柱、外柱、火塘、排水沟等组成，部分石构建筑沿用时间较长，有毁坏、修补、扩建等现象。半地穴式建筑均为柱洞环绕的椭圆形或方形地穴，与石构建筑交错分布，推测为畜养动物的畜栏。炉为地穴式，炉壁、炉腔、鼓风口结构清晰，既有冶炼用炉，也有熔铸用炉。墓葬均为婴幼儿墓，葬式有仰身直肢葬、仰身屈肢葬、二次拣骨葬等，大多有随葬器物，基本组合为陶单耳罐、双耳罐。烧土面，规模较大者底部垫有一层木炭，推测为堆烧陶器或矿石形成的遗迹。

遗址出土器物 5000 余件，质地有陶、石、骨、木及铜、铁等金属器，共六类。早期铁器时代陶片夹粗砂陶占比较大，陶色以红褐、灰褐为主，烧成火候偏低；青铜时代陶片以夹细砂的灰褐、红褐、黑褐陶为主，少数磨光，纹饰多饰于耳部，以乳丁、刻划纹为主；偶见新石器时代晚期刻划、戳印纹陶片。出土陶器有单耳罐、双耳罐、杯、豆、碗、纺轮、铸范、鼓风管、坩埚等；石器有穿孔刀、网坠、杵、锤、臼、铸范等；骨器有牌饰、管饰等；铜器有凿、锥、针、镯、环、铃等。

根据地层堆积早晚及器物组合变化来看，吉岔遗址可以分为四期。

第一期遗存仅包括 II 区 G17 第②～④层。出土陶器均为夹砂陶，以夹细砂或细石英砂为主，

发掘区全景航拍（上为北）
Aerial Photograph of the Whole Excavation Area (Top is North)

I区地层堆积情况
Stratigraphic Accumulations in Area I

陶色以红褐、灰褐为主，黑褐其次；器形以侈口罐为主，另有折沿罐、直口罐、敛口罐、带足器等；纹饰除饰于唇部的压印花边纹以及饰于颈部的刻划折线纹、刻划水波纹、泥条层叠纹、附加堆纹外，通体装饰细密戳印、刻划纹亦不鲜见；器底以平底或假圈足为主，底部多有印纹，包括叶脉纹和编织纹两类。石器有斧、锛、刀、磨盘、网坠、镞等。

　　第二期遗存分布于Ⅱ区东部。遗迹有沟、干栏式建筑。出土陶器陶质与第一期相同，陶色红褐、灰褐、黑褐各占三分之一；器形仍以侈口罐为主，折沿罐、直口罐沿用，新出现敞口罐和带耳罐；纹饰少见，多饰于颈部，刻划水波纹、刻划折线纹、泥条层叠纹沿用，新出现剔刺顿点纹、戳印圆圈纹等，细密戳印、刻划纹消失，新出现黑彩彩陶；器底多为假圈足，尤以高假圈足极具特点，底部多有印纹，同样有叶脉纹、编织纹两类。石器组合较第一期变化不大。

Ⅱ区地层堆积情况
Stratigraphic Accumulations in Area Ⅱ

　　第三期遗存基本覆盖了Ⅱ区全区。遗迹类型多样，有坑、沟、建筑、墓葬、窑、炉等，新出现了半地穴式建筑和石构建筑。出土陶器陶质变化不大，陶色以红褐、灰褐为主，黑褐稍次；器形组合较第二期变化较大，以新出现的单耳罐、

Ⅱ区航拍
Aerial Photograph of Area Ⅱ

Ⅱ区石构建筑
Stone Buildings in Area Ⅱ

Ⅱ区地穴式炉
Subterranean Furnace in Area Ⅱ

Ⅱ区石构建筑
Stone Buildings in Area Ⅱ

Ⅱ区婴幼儿墓
Infant Burial in Area Ⅱ

Ⅱ区半地穴式建筑
Semi-subterranean Building in Area Ⅱ

Ⅱ区婴幼儿墓
Infant Burial in Area Ⅱ

双耳罐为主，侈口罐、敞口罐沿用，但占比较少，新出现簋、杯、器盖等；纹饰少见且简单，多饰于耳部，有贴塑圆片纹、刻划网格纹、刻划叶脉纹等，部分饰于颈部，以刻划条带纹为主，腹部纹饰少见，以贴塑涡纹、贴塑乳突为主，偶见白底黑纹的彩绘陶；器底多为平底或矮假圈足，新出现圈足，器底印纹除叶脉纹、编织纹外，新出现纺织纹。石器组合也有变化，除常见的斧、锛、刀外，新出现杵等工具。此外，鼓风管、坩埚等冶金生产相关遗存于本期开始出现。

第四期遗存分布于Ⅰ区、Ⅱ区全区。遗迹类型较第三期变化不大。出土陶器陶质、陶色在后段出现了火候略低、夹砂偏粗、陶色趋红的变化；器形组合与第三期较为接近，新出现釜；纹饰变化亦不大，但表现风格更为夸张；器底以平底为主，矮假圈足、圈足沿用，器底印纹仍有叶脉纹、编织纹、纺织纹三类，但纺织纹占比有所上升。石器组合基本与第三期相同，但杵、扁圆石锤、凹石、砧、臼等工具的占比激增。冶金相关遗物，如鼓风管、陶铸范、石铸范等，也出现得更为频繁。

从各期遗存的文化内涵来看，第一、二期遗存以干栏式建筑、陶侈口罐为典型特征，纹饰以细密戳印、刻划纹为主；第三、四期遗存以石构建筑、陶带耳罐为典型特征，出现了陶釜和铁器等。第一、二期遗存和第三、四期遗存不论是出土器物还是遗迹类型，都有显著差别，应为前后不同人群在此生活所形成，属于不同的考古学文化。

关于吉岔遗址四期的年代，可以根据各期测年数据来判定。第一期遗存有 1 个测年数据，校正年代为公元前 1888～前 1738 年，属新石器时代晚期。第二期遗存有 4 个测年数据，校正年代在公元前 1634～前 1278 年间，属青铜时代早期。第三期遗存有 6 个测年数据，校正年代在公元前 778～前 402 年间，属青铜时代晚期。第四期遗存有 8 个测年数据，校正年代在公元前 402～前 104 年间，属铁器时代早期。以上测年数据充分表明，吉岔遗址是一处从新石器时代晚期至铁器时代早期的聚落遗址。

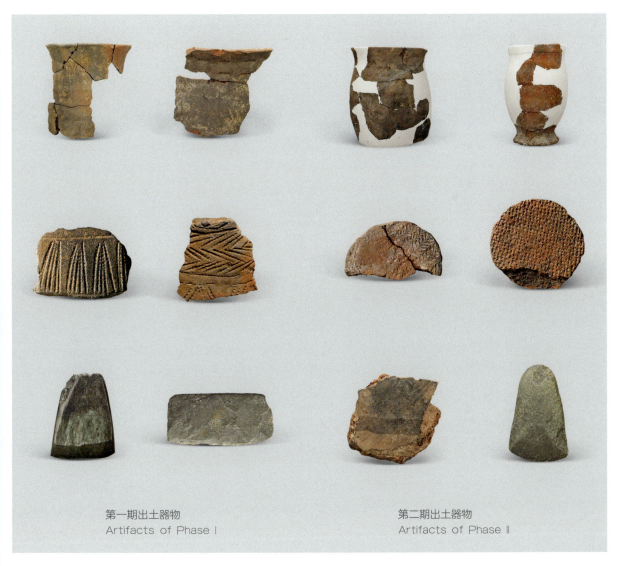

第一期出土器物
Artifacts of Phase I

第二期出土器物
Artifacts of Phase II

吉岔遗址的发掘有以下四个方面的重要意义。第一，遗址首次构建起滇西北地区、澜沧江流域新石器时代至铁器时代的考古学文化序列。遗址第二期的青铜时代早期遗存，填补了滇西北地区该时段文化遗存的空白，而青铜时代晚期带耳罐遗存及其呈现出的与西北地区寺洼、辛店文化晚期阶段的联系，为横断山脉山地走廊古代文化、人群的交流与互动提供了重要的年代标尺。第二，遗址揭露了目前西南山地范围内最完整、最清晰的青铜时代至铁器时代聚落。遗址发现有石构建筑、干栏式建筑、半地穴式畜圈、婴幼儿墓葬、大型窑址及环壕、道路、墙栅等遗迹，并呈现出明确的包括居住区、冶炼区、窑址区、畜养区在内的功能区划，为

研究西南夷时代横断山区聚落形态、社会结构提供了重要参照。第三，遗址发现了完整的冶金生产操作链，确认了西南山地独特的冶金体系。吉岔遗址发现有地穴式熔炉、鼓风管、铸范、炼渣、坩埚、铜矿石、铜料块等冶金相关遗存，以及专门规划的、位于聚落正中的冶金生产区，为研究西南山地冶金技术类型、生产模式提供了重要参考。第四，遗址地处滇西北腹地、澜沧江河谷，是勾连中国西北、中国西南乃至东南亚大陆的重要地理节点，其文化序列、聚落形态、冶金技术的发现与确立，对于研究东亚大陆史前时期南北向的文化交流、人群迁徙、技术传播具有重要意义。

（供稿：胡长城　付杰）

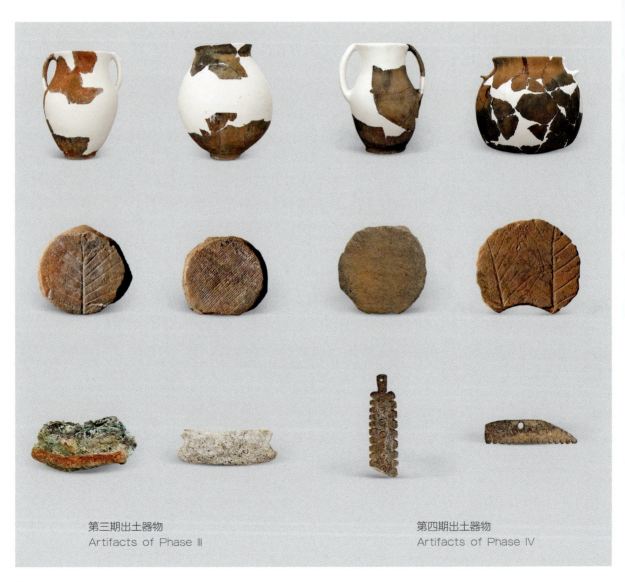

第三期出土器物
Artifacts of Phase III

第四期出土器物
Artifacts of Phase IV

陶鼓风管
Pottery Blast Pipes

陶铸范
Pottery Casting Molds

冶炼遗物
Smelting Remains

The Jicha Site is situated at the southern foothills of the Hengduan Mountains in northwest Yunnan, belonging to the Jicha Group of Gongle Village, Weixi Lisu Autonomous County, Diqing Tibetan Autonomous Prefecture, Yunnan Province. From February to October 2022, the Yunnan Provincial Institute of Cultural Relics and Archaeology cooperated with the School of Archaeology and Museology of Sichuan University and others, excavated 4,000 sq m of the site. Archaeologists discovered 238 remains involving stone buildings, subterranean furnaces, and infant burials, and unearthed over 5,000 pieces (sets) of artifacts. The absolute age of the Jicha Site is 1800-200 BCE. It is the most complete settlement ruin dating from the Bronze Age to the Early Iron Age found in northwest Yunnan and the Hengduan Mountains. The discovery presents important data for acknowledging the settlement pattern, cultural exchanges, and population migration in the "Mountain Corridor" of the Hengduan Mountains during the Bronze Age, as well as the origin and dissemination of metallurgy in the southwestern mountains and Southeast Asia.

青海都兰
夏尔雅玛可布遗址

XIA'ER YAMAKEBU SITE IN DULAN, QINGHAI

夏尔雅玛可布，蒙古语意为"黄色山羊出没的河滩"。遗址位于青海省海西蒙古族藏族自治州都兰县巴隆乡河东村西3公里处，坐落在柴达木盆地东南边缘昆仑山脉支系布尔汗布达山北麓，地处伊克高里河、哈图河两岸山前冲积台地，海拔2990米。遗址绝对年代为公元前1500～前1000年。

夏尔雅玛可布遗址发现于2009年第三次全国文物普查期间，2013年被列为省级文物保护单位。2018～2020年，青海省文物考古研究院联合西北大学开展了三次诺木洪文化遗址考古调查，对柴达木盆地包括该遗址在内的15处遗址进行了科

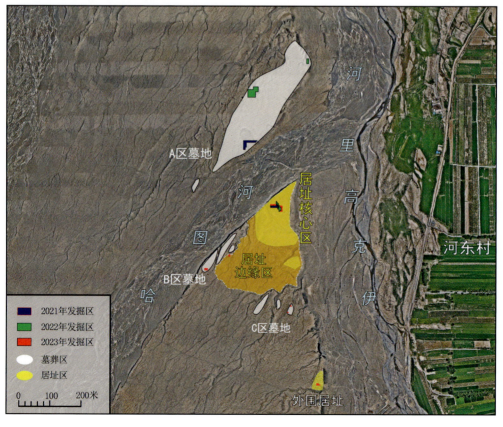

遗址功能区划示意图
（上为北）
Functional Zoning
Scheme of the Site
(Top is North)

居址核心区第一阶段东部房址
The Eastern House Foundations of Phase I at the Core Residential Area

学、全面的调查，确认该遗址是目前唯一一处既有居址又有墓地的诺木洪文化大型聚落。2021~2023年，两家单位对该遗址进行了正式发掘，累计发掘面积2300平方米。

遗址规模宏大，目前探明总面积约25万平方米。功能区划复杂，主要由居址和墓葬组成。遗址被哈图河横穿而过，分为西北、东南两个大台地。西北台地位于哈图河西，为单纯的墓葬区（A区墓地）。与之隔河相望的东南台地为居址区，其西南、东南方向还有两片墓葬区（B区、C区墓地），另在外围发现零星居址。

居址区目前探明面积约10.48万平方米，可分为居址核心区和居址边缘区。目前发掘工作主要集中于核心区，边缘区域仅经过勘探和试掘。

居址核心区位于哈图河与伊克高里河三角交汇台地处，平面呈三角形，南高北低，西侧被哈图河常年冲刷破坏，现存面积约3.5万平方米。发掘前地表可见以石块垒砌的两重石构墙体和部分石围建筑。发掘区主要位于内圈石（城）墙中部和东部，发掘总面积约650平方米。

居址核心区地层堆积最厚约3米，初步确认可分三个阶段。第一阶段发现重要遗迹有壕沟1条、高台硬面1处、房址7座、瓮棺葬1座。第二阶段发现重要遗迹有土坯墙1处、木构圈栏1

居址核心区第二阶段土坯墙（东北—西南）
Adobe Wall of Phase II at the Core Residential Area (NE-SW)

居址核心区第二阶段木构圈栏（东北—西南）
Wood Fences of Phase II at the Core Residential Area (NE-SW)

居址核心区第三阶段内圈石（城）墙
The Inner Stone (City) Wall of Phase Ⅲ at the Core Residential Area

A 区墓地 2021 年发掘区（东南区域）
2021 Excavation Area of Cemetery A (Southeast Area)

A 区墓地 M10
Tomb M10 in Cemetery A

处、铜冶铸遗存废弃堆积1处和少量灰坑、灰沟、火塘等；另发现呈土丘状的灰堆6处，由倾斜坡状堆积层层叠压，夹杂大量炭屑、动物骨骼、陶片等。第三阶段发现的重要遗迹有内圈石（城）墙1处、石堆等。居址中出土大量陶器、石（玉）器、骨角牙器、铜器、木器、毛织物等遗物和人骨、动植物遗存。

居址边缘区域面积约7万平方米。文化堆积较薄，最厚不超过1米，勘探调查与试掘仅发现少量灰烬、陶片、动物骨骼等，已发掘遗迹以石构建筑为主。

遗址现已发现三片相对独立的墓地（A区、B区、C区），总面积14余万平方米。结合地表踏查、考古勘探、激光雷达扫描、RTK定位，共发现墓葬3228座，已发掘52座。

A区墓地位于哈图河西二级台地上，平面呈长三角形，面积8.12万平方米，勘探确认A区墓地共有墓葬2611座。地表石围直径多为3~8米，初步来看，东侧地表石围直径较小，西侧地表石围直径较大。墓地整体布局规律明显，墓葬均为东北—西南向，排列整齐，分布密集，墓葬之间少有打破关系，表明墓地使用过程中经过严密规划。2021、2022年分别在东南部、中部偏西和北部共三个区域发掘墓葬38座、祭祀坑6座。

墓葬均为近长方形竖穴土坑墓，规模较大者

长约6、宽逾3、深约3米。大部分墓葬有内外椁，个别无内椁者用木板作为葬具。外椁多由圆柏原木垒砌，挡板竖置，侧板横置，顶部铺设盖板，侧板底部设有基槽，部分连接处还保存有榫卯结构；内椁由薄木板拼接而成，部分有彩绘痕迹。目前已发掘的墓葬均为二次扰乱葬，尤其上半身骨骼缺失、散乱。随葬器物多见小双耳罐、双耳鼓腹罐、束颈罐、腹耳罐、带耳盆等陶器，亦有较多泡、铃、镞及零星竿头饰、衡末饰、马策、牛等铜器，大量由滑石珠、红玉髓珠、牙坠饰、海贝、绿松石珠等组成的装饰品，以及牛角、羊肩胛骨、羊排和树皮箭箙等。

B区墓地位于居址核心区西南二级台地上，现存面积3.54万平方米。勘探确认共有墓葬454座，地表石围直径不超过5米。2023年发掘墓葬11座。墓葬分布密集，排列有序。均为近长方形竖穴土坑墓，长约2、宽1.5米，仅有一重木椁，较之A区墓葬规模明显偏小，但亦为二次扰乱葬，仅随葬少量陶器、青铜器和树皮制品。

C区墓地位于居址核心区东南二级台地上，面积2.57万平方米。勘探确认共有墓葬163座，地表石围直径亦不超过5米。2023年发掘墓葬3座。均为近长方形竖穴土坑石椁墓，皆为二次葬，随葬器物很少，仅见少量陶器和树皮制品。

公元前2千纪后半叶的夏尔雅玛可布遗址是

A 区墓地 M10 人骨出土情况
Human Bones in Situ, Tomb M10 in Cemetery A

B 区墓地 M50
Tomb M50 in Cemetery B

B 区墓地 M52
Tomb M52 in Cemetery B

C 区墓地 M41
Tomb M41 in Cemetery C

已知规模最大、资料最为丰富的诺木洪文化大型聚落，该遗址的发掘是继塔里他里哈遗址试掘后 70 余年来对诺木洪文化遗址的首次科学发掘，极大地丰富了诺木洪文化的内涵，实证柴达木盆地 3000 年文明史，是早期人群适应、征服青藏高原的关键例证。夏尔雅玛可布遗址的发掘，具有以下三个方面的重要意义。

第一，首次揭露柴达木盆地面积最大、功能完备的史前大型聚落，为全面研究诺木洪文化面貌、年代分期、聚落形态、生业经济、手工业技术等提供了丰富的材料。该遗址是目前所见唯一一处既有居址又有墓地的诺木洪文化聚落，总面积约 25 万平方米。发掘确认居址区堆积可分三个阶段，揭露了石（城）墙、房屋建筑（木构圈栏、石砌墙体建筑、土坯墙）、（铜）冶铸遗存等；墓葬类型有竖穴土坑墓、石椁墓、瓮棺等。这些发现显示出遗址复杂的形成过程和鲜明的聚落功能规划，尤其是（铜）冶铸遗存的发现，对于了解西北地区青铜冶铸手工业具有重要意义。

第二，发现了迄今为止西北地区数量最多、保存最为完好的史前墓葬群，为探索西北地区史前埋葬习俗和社会复杂化进程提供了绝佳案例。遗址发现三片相对独立的墓地，总面积 14 余万平方米，发现墓葬 3228 座，是目前西北地区发现墓葬数量最多的史前墓葬群。极度盛行的二次扰乱葬，为探讨甘青地区这一重要葬俗的实施细节、发展演变以及人群流变提供了丰富的材料；三片墓地的墓葬规模形态已显示出等级差异，对于揭示柴达木盆地乃至青藏高原史前社会分化具有重要意义。

第三，遗址汇聚的多元文化因素，为探讨史前农牧文化互动、早期丝绸之路和古代多民族融合进程提供了历史依循。遗址出土的大量动物遗存显示出畜牧业在诺木洪文化中的重要性，为探讨严酷高原环境中的人地关系提供了珍贵样本；土坯、红玉髓珠、海贝、彩陶、青铜器、漆器、大麦、粟、牛羊骨骼等遗存，是青海作为早期丝绸之路关键路线的实证，突显了柴达木盆地羌中道作为文化十字路口的枢纽地位，见证了黄土高原向青藏高原渐进式发展和古代民族多元一体融合的历史历程。

（供稿：杜玮　郭梦　向金辉　王飞虎）

C 区墓地 M40 出土陶双耳罐与陶片盖
Pottery Jars with Two Handles and a Sherd as the Lid, Unearthed from Tomb M40 in Cemetery C

C 区墓地 M40 出土树皮制品（疑似箭箙）
Bark Object Unearthed from Tomb M40 in Cemetery C (Probably Arrow Quiver)

居址核心区出土残铜刀
Damaged Bronze Knife Unearthed from the Core Residential Area

居址核心区出土骨笛
Bone Flute Unearthed from the Core Residential Area

居址核心区出土编织物
Woven Fabrics Unearthed from the Core Residential Area

A 区墓地 M10 出土铜竿头饰
Bronze Staff Heads Unearthed from Tomb M10 in Cemetery A

A 区墓地 M1 出土菌状铜器
Fungi-shaped Bronzeware Unearthed from Tomb M1 in Cemetery A

A 区墓地 M33 出土铜牛
Bronze Bulls Unearthed from Tomb M33 in Cemetery A

A 区墓地 M18 出土树皮筒及其内铜锥、编织带
Bark Canister and Bronze Awls and Braided Tape inside, Unearthed from Tomb M18 in Cemetery A

A 区墓地 M10 出土陶器组合
Pottery Assemblage Unearthed from Tomb M10 in Cemetery A

A 区墓地 M10 出土海贝
Seashells Unearthed from Tomb M10 in Cemetery A

A 区墓地 M10 出土牙饰
Tooth Ornaments Unearthed from Tomb M10 in Cemetery A

The Xia'er Yamakebu Site is in Dulan County, Qinghai Province. It is a large settlement with residential and burial remains that belongs to the Nomuhong Culture, dating back to 1500-1000 BCE. Archaeological survey has covered an area of 250,000 sq m; found stone (city) wall, adobe wall, wood fences, house foundations, and remains for (copper) smelting and casting within the residential area, and three separated cemeteries and 3,228 tombs in the burial area. It is the best-preserved pre-Qin tomb complex with the largest number of tombs in northwest China. Secondary disturbing burials were found prevalent among the 52 excavated tombs and unearthed with pottery, bronzes, jades, seashells, and animal bones. The excavation places significance on studying the chronological system, settlement pattern, subsistence economy, handicraft techniques, and cultural exchanges of the Nomuhong Culture.

江苏南京
姚庄墓地

YAOZHUANG CEMETERY IN NANJING, JIANGSU

姚庄墓地位于江苏省南京市六合区马鞍街道城西社区，东邻招兵河，西至宁连高速，南靠极乐北路，北达赵营河。中心点地理坐标为北纬 32°21′36.108″，东经 118°49′8.58″，高程 8 米。2021 年 8 月至 2023 年 9 月，为配合基本建设，南京市考古研究院对建设范围内勘探发现的各类遗迹进行了发掘，共清理遗迹 570 余处，包括墓葬 555 座、陪葬坑 3 座、窑 5 座、灰坑 8 个、井 1 口，出土各类遗物 2500 余件。这批墓葬时代跨度较大，从战国晚期一直延续至清代晚期。

墓地分北区、南区和中区三部分。北区、南区地势较低，地表多为农田。中区地势较高，地表多为民房，少部分区域为农田；北部因取土形成断崖，高低落差约 2 米，呈西北—东南向倾斜堆积。北区共发掘墓葬 61 座，多为明清时期土坑墓，战国、汉、六朝墓葬仅数座。南区共发掘墓葬 12 座，均为东汉时期砖室墓，因早年盗掘致使结构残损，少数墓葬仅存铺地砖。中区墓葬分布最为集中，共发掘墓葬 482 座、陪葬坑 3 座。墓地内的遗迹在清理表土或渣土后，均见开口。

本次考古的重要发现之一是战国晚期墓葬，共发掘 27 座，集中分布在中区。墓葬多为长方形竖穴土坑墓，出土随葬器物以陶鼎、豆、盒、钫、杯等为基本器物组合，部分墓葬出土有陶俑、铜鼎、铜剑、铜戈、铜镜、琉璃璧、玉璧和玉环等。

墓地分区正射影像
Orthophoto of Divisional Cemeteries

根据墓葬方向，该批墓葬可分为南北向和东西向两组。

南北向墓葬以 M444 和 M445 的等级最高。墓葬平面呈"甲"字形，葬具为一椁一棺，椁底有两根东西向枕木，棺东侧设有边箱。M444 墓道残长 3.18、宽 1.44～1.52 米，墓室长 3.28、宽 2.2 米。该墓未经盗扰，椁内和边箱内各出土 1 组陶鼎、豆、盒、钫、杯，另在棺内出土有"越王旨翳"铜剑（装饰有 2 件玉剑具）、铜戈、铁剑（装饰有 4 件玉剑具）以及玉印章（印文"寅"）等。M445 墓道残长 4.8、宽 1.8 米，墓室长 4、宽 3.5 米。棺椁和边箱因盗扰，仅见有玉璧残片和玉佩。椁南侧设有足箱，保存较好，其内随葬器物均为陶器，器形有鼎、豆、盒、钫、杯以及俑首等。墓葬南侧发现 3 座陪葬坑，其中 K1 和 K2 为东西向。K1 长 4.76、宽 1.5 米，出土 9 件铁销；K2 长 3.42、宽 2.26 米，西部被 H4 和 M441 打破，向下打破 K3，出土 9 个陶俑首。K3 为车马坑，长 5、宽

2.8～3.1 米。随葬车马为一车二马结构，目前仅清理出部分车厢，出土有铜车軎、马衔、节约等。

东西向墓葬等级相对较低，多见两座墓葬成排出现。M169 等级最高，为长方形竖穴土坑墓，长 2.72～3、宽 1.92～1.96 米。葬具为一椁一棺，棺南侧设有边箱。该墓未经盗扰，随葬器物多为陶器，器形有鼎、豆、壶、杯、俑等；另有铜剑、戈、鼎、罐以及玉环各 1 件，铜鼎内发现有残碎的鸡骨。M375 和 M376 等级较低，形制相同，南北相距 2.6 米。葬具均为单棺，南侧设有边箱。随葬器物基本相同，均为琉璃璧和两组陶鼎、豆、盒、钫、杯。

两汉时期墓葬分布较为集中，共发掘 60 余座，以中区发掘数量最多，年代从西汉晚期延续至东汉早中期。根据出土随葬器物组合特征，可分为西汉晚期、新莽时期、东汉早中期三个阶段。

西汉晚期墓葬均为长方形竖穴土坑墓，葬具为单棺单椁或一椁重棺。随葬器物以鼎、盒、壶、

瓿等釉陶器为基本器物组合，少数墓葬中见有大量铜器和漆器，漆器保存较差，仅存漆皮。M166和M168呈南北向，葬具均为一椁重棺。除椁室内有器物箱外，另在墓室南部设置有陪葬器物箱。M166长7.42、宽1.76～3.04米，足箱内仅出土陶罐1件，另见木器腐朽后残存的铜铺首和3件铜兽足。其他随葬器物均放置于墓室南部的陪葬器物箱内，其中铜器数量较多，器形有盆、壶、钫、钜镂、熏炉、釜和灶等。M168长6.48、宽2.12～3.22米，随葬器物放置于边箱和椁室东南部的陪葬器物箱内，多为陶器，有鼎、盒、壶、瓿、井和罐等，铜器较少，有镜、盆和洗等。

新莽时期墓葬以长方形竖穴土坑墓为主，少量设有墓道。随葬器物组合为壶、瓿、双系罐以及灶等陶器，少量为铜器，多为铜镜。M80西侧

被破坏，长3.28、残宽1.05～1.08米。葬具为一椁重棺，棺南侧设有足箱。随葬器物以常见的釉陶壶、瓿、双系罐为主，另出土大量铜钱，有五铢、契刀五百、大泉五十、小泉直一等。

东汉早中期墓葬均为砖室墓，集中分布在南区，大多仅残存墓底。

总体来说，这批两汉时期墓葬等级虽然不高，但多数未经盗扰，一些墓葬中发现有"师""杨""郑""王"等姓氏印章，可以确定该墓地在西汉晚期应为至少四个家族的共葬地。尤其出土"师"姓印章的墓葬集中分布于墓地中区西部，排列整齐，对进一步认识汉代家族埋葬制度具有重要意义。

六朝时期墓葬均为砖室墓，平面多呈"凸"字形，保存较差。出土随葬器物较少，仅两座未

M445（战国晚期）
Tomb M445 of the Late Warring States Period

M166（西汉晚期）
Tomb M166 of the Late Western Han Dynasty

经破坏的长方形叠涩顶砖室墓中出土有青瓷钵、鸡首壶、四系罐和铜镜等。

唐代墓葬多为砖室墓，虽破坏严重，但出土有两方墓志，其中 M219 墓志为进士纪骧撰，墓主葬于会昌元年（841 年）秋八月，因腐蚀严重，墓主姓名及身份不明。M542 墓志为李居贞撰，墓主为处士韩广，志文中记载其为"汉淮阴侯……信之云孙也"，葬于元和十二年（817 年）。据此可推断位于中区西南部的这几座墓葬的年代为唐中晚期，该地可能为一处韩姓家族墓地。

明、清时期墓葬数量最多，均为长方形竖穴土坑墓，随葬器物多见陶五谷罐。M405 出土一件买地券，可知该区域墓葬年代为明代晚期至清代早期。

姚庄墓地虽未见西汉早中期墓葬，但在其西部 1 公里处发掘了近百座西汉初至新莽时期的墓葬，由此可见，该区域在战国两汉时期应为一处重要的埋葬地。六合为战国楚之棠邑的重要分布区域，汉初棠邑侯国所在地，后降为堂邑县，最后改称六合县。姚庄墓地内的墓葬年代连续，出土器物丰富，尤其是位于中部发掘区的两座战国晚期"甲"字形墓葬，有 3 座陪葬坑，等级较高，对研究楚国封邑制度、两汉时期棠邑的经济社会生活有重要意义，也为该地区的区域历史沿革、墓葬制度演变、丧葬习俗等研究提供了丰富的实物资料。

（供稿：王富国　李翔）

M397 出土陶器组合（战国时期）
Pottery Assemblage Unearthed from the Warring States Period Tomb M397

M444 出土陶器组合（战国晚期）
Pottery Assemblage Unearthed from the Late Warring States Period Tomb M444

M467 出土"大具"陶壶（西汉）
Pottery Pot Inscribed "Da Ju" Unearthed from the Wwstern Han Dynasty Tomb M467

M169 出土陶俑（战国时期）
Pottery Figurine Unearthed from the Warring States Period Tomb M169

M166 出土铜灶（西汉晚期）
Bronze Stove Unearthed from the Late Western Han Dynasty Tomb M166

M444 出土玉剑首（战国晚期）
Jade Sword Pommel Unearthed
from the Late Warring States
Period Tomb M444

M444 出土玉印章（战国晚期）
Jade Seal Unearthed from the
Late Warring States Period
Tomb M444

M444 出土玉剑格（战国晚期）
Jade Sword Guard Unearthed from
the Late Warring States Period
Tomb M444

M444 出土越王旨翳铜剑（战国晚期）
Bronze Sword of King Zhiyi of
Yue Unearthed from the Late
Warring States Period Tomb
M444

M444 出土玉剑珌（战国晚期）
Jade Sword Chape Unearthed from
the Late Warring States Period
Tomb M444

M444 出土玉剑璏（战国晚期）
Jade Sword Unearthed Slide
from the Late Warring States
Period Tomb M444

M467 出土铜印（西汉）
Bronze Seal Unearthed from the
Western Han Dynasty Tomb M467

M467 出土玉窍塞（西汉）
Jade Orifice Plugs Unearthed
from the Western Han
Dynasty Tomb M467

M411 出土铜印（西汉）
Bronze Seal Unearthed from the
Western Han Dynasty Tomb M411

M169 出土铜鼎（战国时期）
Bronze *Ding*-tripod Unearthed
from the Warring States
Period Tomb M169

K3 出土铜车害（战国晚期）
Bronze Chariot Axle Cap
Unearthed from the Late Warring
States Period Pit K3

M169 出土玉环（战国晚期）
Jade Ring Unearthed from the
Late Warring States Period
Tomb M169

M336 出土琉璃璧（战国时期）
Liuli (Colored Glass) *Bi*-disc
Unearthed from the Warring
States Period Tomb M336

M503 出土铜镜（战国时期）
Bronze Mirror Unearthed from the Warring States Period Tomb M503

M445 出土玉佩（战国晚期）
Jade Pendant Unearthed from the Late Warring States Period Tomb M445

M503 出土陶俑（战国时期）
Pottery Figurine Unearthed from the Warring States Period Tomb M503

M445 出土玉韘形佩（战国晚期）
Jade *She* (Thumb Ring) Shaped Pendant Unearthed from the Late Warring States Period Tomb M445

M166 出土铜鍪镂（西汉）
Bronze *Houlou*-cauldron Unearthed from the Han Dynasty Tomb M166

M166 出土铜熏炉（西汉晚期）
Bronze Incense Burner Unearthed from the Late Western Han Dynasty Tomb M166

M80 出土铜镜（新莽时期）
Bronze Mirror Unearthed from the Xin Dynasty Tomb M80

M80 出土铜镜（新莽时期）
Bronze Mirror Unearthed from the Xin Dynasty Tomb M80

The Yaozhuang Cemetery is located in Chengxi Community, Ma'an Street, Liuhe District, Nanjing City, Jiangsu Province. From August 2021 to September 2023, the Nanjing Municipal Institute of Archaeology excavated the cemetery and uncovered more than 570 remains (including 555 tombs), as well as over 2,500 artifacts. The tombs date from the late Warring States Period to the late Qing Dynasty. The late Warring States tombs are particularly significant, among which tombs M444 and M445, shaped as the character "甲" and accompanied by three burial pits in the south, demonstrating higher standards. The Han tombs were identified as belonging to three phases: the late Western Han, the Xin Dynasty, and the early and middle Eastern Han. It is determined that during the late Western Han period, at least four families were buried in this area, providing important data for further understanding the burial system of the Han families. In addition, one of the two epitaphs from the Tang tombs recorded that the tomb owner is a descendant of Han Xin. The excavation embodies great value on learning about the historical evolution, burial systems, and funeral customs of this region.

浙江绍兴
大湖头遗址

DAHUTOU SITE IN SHAOXING, ZHEJIANG

大湖头遗址位于浙江省绍兴市越城区人民东路，北靠龙池山，东邻平水东江，南距东湖香山越国高等级贵族墓约1公里。为配合基本建设，浙江省文物考古研究所在此处进行考古勘探时发现大面积遗址。2021年至今，浙江省文物考古研究所联合绍兴市越城区文物保护所对遗址进行了考古发掘，发掘面积16000平方米，取得了重要收获。

大湖头遗址的主体文化堆积为东周时期，是一处越文化聚落遗址。遗址地层堆积可分为5层：第①层为表土；第②层为晚近堆积；第③层为泥炭层，是遗址废弃后形成的自然堆积，提取其中的植物残体进行测年，经树轮校正后年代为汉代；第④层为东周时期的文化堆积；第⑤层为黄土堆积，分为南北两区，北区面积约12000平方米，南区面积约2500平方米，遗迹主要分布于黄土堆积之上，黄土堆积外围为低湿地。第⑤层下为自然堆积青灰色淤泥。目前已清理不同类型的干栏式建筑基址、水井、灰坑、沟等遗迹700余处。黄土堆积北区的各式沟槽和洼地形成大致分区，较为清楚的干栏式建筑基址与一些沟槽的方向多约为120°，较为一致，可能经过一定规划。

北区东北部有一条宽约1、深约0.5米的半环形长沟，沟内面积约3500平方米。黄土堆积上的文化层断续且薄，遗迹、遗物较少。其中有一处较特殊的遗迹H413，平面近椭圆形，长径3.6、短径1.7、深1.4米。出土少量陶片，底部出土较

完整的海龟背甲和腹甲各1件。这一区域可能是一处较空旷的场地，或在晚期时被严重破坏。

北区中北部由局部间断的沟槽合围出近四边形范围，面积约1000平方米。不同位置的沟槽宽窄深浅有所差别，西部较宽，最宽处近2、平均深0.65米；东部较窄，最窄处约0.6、平均深0.25米；东北部被晚近堆积破坏。沟槽底部或侧边残存若干木桩或柱洞，局部底部残存地梁，可能是木围栏一类的建筑遗迹。沟槽合围范围内分布有建筑基址、坑状遗迹等。F5位于中部，方向130°，分两层各放置3根平行木条，上下层呈"十"字交叉，形成建筑的地梁，木条构成的面积10余平方米。另一处干栏式建筑基址F6残存柱洞和若干木桩，平面近圆形，直径约3.5米，柱洞直径0.25~0.5米。中部偏西南处有一处不规则坑状遗迹H244，上部交错覆盖多层植物茎秆，周围有较多炭屑和烧土颗粒，南北长约8、东西平均宽约3.5、深1米。坑内西壁放置3件大小相当的原始瓷錞于、6件大小相递的原始瓷句鑃和1件一端有铜箍的长条形黑色漆器；北部发现3根木桩，同一直线上的坑外近坑壁处各有1根木桩；南部倾倒大量烧过的竹木碎片、上万颗成熟饱满的稻米和印纹硬陶罐残片。坑外北侧发现3块锡铅锭和铅锭。这是首次在越文化遗址内出土成组原始瓷乐器，首次通过科学发掘出土越国金属锭。该区域相对独立，发现及出土的遗迹和遗物较为特殊，可能与仪式等活动有关。

北区西北部和东南部遗迹分布密集，除水井、

F5
House Foundation F5

H244
Ash Pit H244

灰坑和沟，还有大量柱洞和木桩，可能为不同类型的干栏式建筑基址。F2 位于西北部，方向 115°，柱洞平面多呈圆形或长椭圆形，直径 0.2～0.5 米，分布较为规整。柱洞分布范围东西长约 10、南北宽约 3 米，中间有一排柱洞将该区域分隔成东西两间。F4 位于东南部，为平面呈长条形的坑，长约 16、宽 3.5、深 0.65 米，坑口周围和底部残存较密集的木桩，可能为某种类型的干栏式建筑。J1 直径约 1、深约 1.2 米，以细密竹编加固井壁，靠近底部发现有印纹硬陶罐、泥质陶罐、原始瓷碗等器物，井底残存粗沙和小石子。井坑上部残存几段横木，可能原有井栏或相关建筑。H543 和 G4 分别位于西北部和东南部，均掩埋大量可拼对

复原的陶片，出土和修复小件各 60 余件。H543 平面近圆形，直径 3.5～4.5、深 0.75 米。G4 平面呈长条形，长 9、宽 1.8、深 0.7 米。H7 平面近圆形，直径约 2.4、深 0.8 米，坑口残存较多柱洞或木桩，坑壁局部残存植物茎秆铺垫，坑内有大量植物遗存，包括数百颗悬钩子属种子、菱角和其他果皮、煮过的稻米等。H50 平面呈圆形，直径约 2.5、深 1.9 米，出土 1 件黄柏木桨。木桨全长约 1.4 米，是浙江首次出土的越国木桨，为研究舟车楫马的交通方式提供了实物资料。对 H528、H591 等遗迹土样进行浮选，发现上千颗悬钩子属种子。东南部黄土堆积边缘与外围低湿地交界处，发现成排木桩，可能为护岸。黄土堆积西南部外围低湿

F2（上为北）
House Foundation F2（Top is North）

J1 竹编井壁
Bamboo Weaving Wall of Well J1

J1 底部器物出土情况
Artifacts in Situ, at the Bottom of Well J1

地的剖面采样发现较多水稻颖壳和小穗轴，目前考古人员正在寻找水稻田相关遗迹。通过发掘和发现的遗迹遗物推测，发掘北区西北部和东南部有频繁的生产生活活动。

北区西南部发现一座大型建筑基址 F3，该处黄土堆积不连续，原地表较为坑洼，其上有人为垫土，面积近 1000 平方米。垫土以黄土为主，局部夹杂碎石子，垫土上残存近 30 条安置地梁的基槽，整片基槽范围长约 40、平均宽约 15 米，面

积逾 600 平方米。垫土外围的洼地和沟内散布逾 300 件原始瓷杯，可能与建筑功能有关。

南区也发现了与北区类似的建筑基址、灰坑等遗迹。

大湖头遗址出土了大量越文化遗物。炊器有夹砂陶鼎、釜（鬲）、支座和泥质陶甑等。盛器有泥质陶盆、豆、盘、罐，原始瓷碗、杯、罐，不同大小的印纹硬陶坛、罐，铜钵、勺，编织的篮筐等。生产工具有铜镰、铚、锄、锸、铲、锛、凿、

H543（北—南）
Ash Pit H543 (N-S)

H50（南—北）
Ash Pit H50 (S-N)

H244 出土原始瓷錞于、句鑃
Proto-porcelain musical instruments *Chunyu* and *Goudiao*, Unearthed from Ash Pit H244

陶器
Potteries

F3（上为北）
House Foundation F3 (Top is North)

刻刀、削（锯）、尖状器、鱼钩以及石锛、铁锄等。兵器有铜矛、戈、镦、各式镞等。此外还有铜器盖、构件、饰件、带钩、环以及水晶玦、原始瓷镇等，并首次通过科学发掘出土了铜戈形器。另有少量纯铅锭、锡铅锭、铜块和石范等冶铸相关遗物，对比铅矿数据进行初步研究，推断铅锭可能产自湖南南部的南岭铜锡铅多金属矿带。通过浮选发现较多稻米、水稻颖壳和大量小穗轴，推测稻米可能是当地居民的主食；另外还有紫苏、葫芦、甜瓜、李、梅、桃、猕猴桃、葡萄等多种农作物和果实遗存。目前测年结果主要集中于公元前480～前220年。

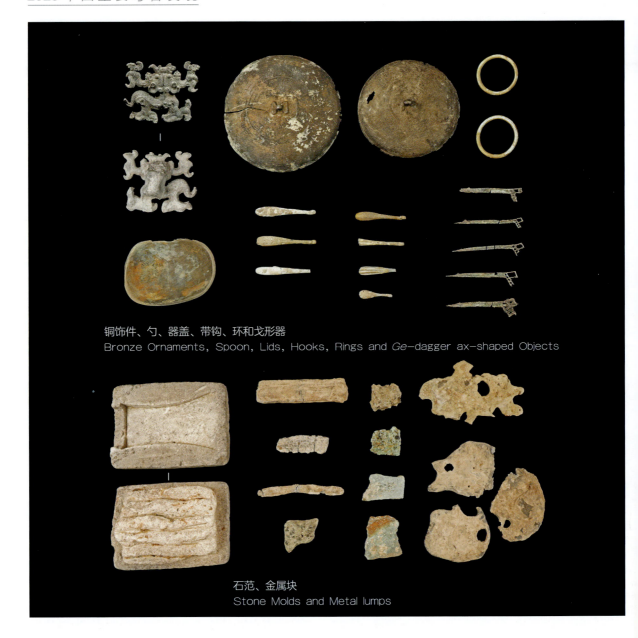

铜饰件、勺、器盖、带钩、环和戈形器
Bronze Ornaments, Spoon, Lids, Hooks, Rings and *Ge*-dagger ax-shaped Objects

石范、金属块
Stone Molds and Metal lumps

The Dahutou Site is situated at Renmin East Road in Yuecheng District, Shaoxing City, Zhejiang Province. The Zhejiang Provincial Institute of Cultural Relics and Archaeology and others have excavated the site since 2021. Its main cultural accumulations date to the Eastern Zhou Period, and the site itself is a settlement affiliated with the Yue Culture. Most remains are dispersed over the loess sediments surrounded by low-lying wetlands. They can be distinguished into north and south areas, where varied types of stilt-style house foundations, wells, ash pits, and trenches were discovered. Abundant Yue-style artifacts have been unearthed, involving potteries, proto-porcelain, bronzes, and some smelting and casting remains such as metal lumps and stone molds, as well as wood paddles, baskets, lacquer and wooden wares, and various crop and fruit remains. The Dahutou Site is a typical Yue-style settlement that has been completely revealed for the first time through large-scale excavation, systematic documentation and sampling, and multidisciplinary cooperation under the guidance of concepts and methods of settlement archaeology. The excavation made a big breakthrough in Yue Archaeology by offering many new data to the academic field.

陕西宝鸡周原遗址 2023 年发掘收获

EXCAVATION RESULTS OF ZHOUYUAN SITE IN BAOJI, SHAANXI IN 2023

周原遗址位于今陕西扶风、岐山一带。2023年，周原考古队继续围绕先周遗址的内涵、西周城址的布局两项课题对该遗址开展工作，取得了重要收获。

先周时期一号建筑基址位于王家嘴中部，2020～2021 年对其南半部分进行了发掘，2023年完成全部发掘工作。一号建筑基址南北长 68、东西宽 34～37 米，占地面积逾 2500 平方米。建筑由门塾、东西厢房、前堂、后室及前、后庭院构成。庭院内保存多处踩踏面，台基部分仅保存地下基础，但柱网结构基本完整。建筑地基使用商周时期常见的分块夯打方法，其后开挖础坑、夯打坚实形成磉墩，部分础坑内夯打了大量红烧土块和碎陶片。

解剖发现建筑基址下叠压京当型晚期灰坑，其内骨骼样品经 ^{14}C 测年校正年代为公元前 1201～前 1008 年（95.4%）。少数先周时期的灰坑打破

建筑基址的东部边缘。建筑前、后庭院内共发现 7 座小型墓葬，随葬先周晚期陶鬲、罐或单件陶鬲，^{14}C 绝对年代亦为先周晚期。

先周时期三号建筑基址位于一号建筑基址北侧，其地基夯土的性状、年代与一号建筑基址相似。目前已揭露夯土 1200 平方米，建筑的东、南边界超出发掘区外，有待后续工作。保守计算，王家嘴中部先周时期建筑群的南北范围已逾 150 米，显示了该区域的重要性。

2020 年以来，考古队在遗址核心区确认了西周时期小城、大城两重城垣，并发掘了大城东南角和东南门的一部分。2023 年，考古队继续发掘大城东南门和西南角，钻探发现了大城西墙南段。

大城东南门位于召陈村北，已发掘城台、南北两个门道、门塾、马坑及内外瓮城的一部分。城台南北长达 94.6 米，内外瓮城总进深近百米，

一号建筑基址夯土板块
Rammed Earth Blocks of Building Foundation No.1

一号建筑基址夯土板块
Rammed Earth Blocks of Building Foundation No.1

碟墩
Plinth Foundation

陶高领袋足鬲出土情况
Pottery *Li*-cauldron with High Neck and Stout Legs in Situ

显示了大城东南门的宏大规模。

大城西南角位于礼村南，由于埋藏很浅，考古队采用开放式发掘方法予以全面揭露。城墙仅保存了地下基础部分，南城墙墙基宽10.4、西城墙墙基宽9.5米。拐角处的西墙外连接一座夯土角台，经解剖发现其与西墙为一次建造。角台南北长46.8、东西宽16.1米，北端发现一排4个圆形夯土碟墩。布设两条解剖沟以了解墙基结构，可见城墙基槽为船底形，内填黄、红、黑褐色相间的花夯土，十分坚实。夯土下叠压坑、沟等遗迹，年代多为西周中期。大城西南角被较多灰坑打破，多数灰坑属于战国晚期，少数位于墙基和角台边缘的灰坑属于西周晚期。

另外，一座战国晚期建筑（F12）的散水叠压于南墙基内侧，说明西周大城的城墙至战国晚期已完全平毁。

小城内一道东西向壕沟将小城分为南北两部分，北部正中的贺家北—凤雏一带存在大面积夯土。通过钻探和试掘，在贺家村北发现宫城南墙，

一号建筑基址与三号建筑基址
Building Foundations No.1 and No.3

大城东南门
Southeast Gate of the Large City

在董家村西发现宫城西墙，在齐家沟东岸钻探到宫城东墙。宫城东、西墙与小城北墙衔接。

宫城南墙保存较好，试掘发现墙体、墙外道路、壕沟、沟槽等遗迹。现存墙体较城外地面高2.9、较城内地面高0.65、墙基宽16.2、墙顶宽10.6米，收分明显。墙外有与墙体平行的道路，其上发现车辙。道路之外是宽达21、深约6米的壕沟。壕沟最上部的废弃堆积内包含大量陶器碎片、动物骨骼，还有至少5个个体的散乱人骨。解剖发现墙体打破商周之际的灰坑，又被西周晚期的灰坑打破。

宫城西墙保存一般，地上部分仅存四或五层夯土，地下基础宽约15、深约0.8米。墙外侧紧贴壕沟，沟内发现散乱的人骨。墙基内侧坡脚被西周中期的灰坑打破，另发现马坑、牛坑各一座。

宫城范围内的钻探已基本完成。宫城规模广

大城西南角
Southwest Corner of the Large City

大，东西长 794、南北宽 609 米，面积约 50 万平方米。夯土分布十分广泛，表明此处曾营建密集的宫室建筑。根据现有信息判断，宫城的兴建不早于商周之际、不晚于西周中期。

在礼村南区域的发掘中，发现 3 座面积较大的战国晚期房址（F12～F14）。F14 位于 2020 礼村南 T1 内，打破西周大城南墙。F14 仅暴露了西北一角，但夯土墙基宽达 1.9 米。其北侧发现了 3 组瓮棺，其中 W59 陶盆底部有戳印的"美亭"二字。F13 位于大城西南角南侧，夯土基础东西长 30.1、南北宽 16.5 米。地基分块挖、填、夯打，黄色、黑褐色夯土单元的差别非常显著。房址平面呈长方形，长 22.5、宽 9.1 米。四周环绕厚实的夯土墙，夯土墙宽 0.95～1.42 米。室内发现两排柱洞，另在房基外围发现一圈檐柱。

礼村南区域发现房址、灰坑等大量战国晚期遗存，房址较大的规模说明其应属于官方建筑。此处西距王家嘴官方粮仓仅 580 米，东距埋藏上千座战国墓的刘家墓地 460 米，附近多次出土"美亭""美阳"陶文。这些遗存的发现，指示此处应是战国美阳县故址。

（供稿：曹大志　种建荣　唐锦琼）

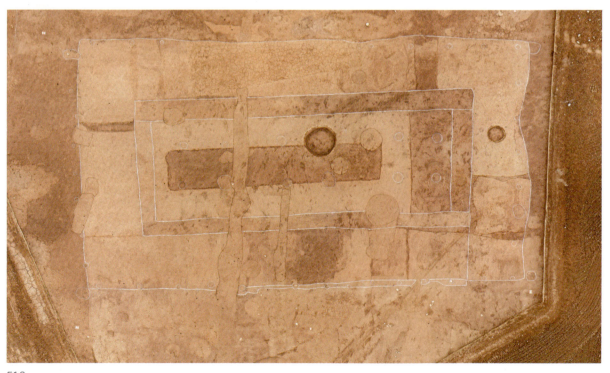

F13
House Foundation F13

大城南墙基槽
Trench Foundation of the Large City's Southern Wall

宫城南墙、道路、壕沟、沟槽
Palace City's Southern Wall, Road, Moat, and Trench

壕沟废弃堆积最上层散落的遗物和人骨
Artifacts and Human Bones Dispersed on the Top
Layer of the Abandoned Accumulations in Moat

W59 和"美亭"陶文
Urn Burial W59 and the Pottery Inscribed with the
Characters "Mei Ting"

The Zhouyuan Site is located in the area of Fufeng and Qishan in present-day Shaanxi. In 2020~2023, the Zhouyuan archaeological team continued the fieldwork and uncovered Building Foundation No.1, which dates to the pre-Zhou period. It is composed of menshu (the repose rooms on two sides of the main gate), east and west xiangfang (wing rooms), front hall, back room, and front and rear courtyards; 68 m long from north to south and 34 to 37 m wide from east to west, covering an area of over 2,500 sq m. Archaeologists also confirmed the extend of the palace city. It is vast in scale, with a width of 794 m from east to west, a length of 609 m from north to south, and around 500,000 sq m. The widely distributed rammed-earth remains indicate the densely arranged imperial buildings, and the construction time of the palace city was no earlier between Shang and Zhou dynasties and no later than the mid-Western Zhou, according to the found evidence. Moreover, three large house foundations (F12~F14) of the late Warring States Period were discovered in the southern region of Li Village, where also unearthed some pottery inscribed with the characters "Mei Ting" and "Mei Yang", implying here should be the former location of Meiyang County during the Warring States Period.

西安长安区曹家堡遗址

CAOJIABAO SITE IN CHANG'AN DISTRICT, XI'AN

曹　家堡遗址位于西安市长安区郭杜街道曹家堡村，为配合基本建设，2023 年 3~12 月，西安市文物保护考古研究院对该遗址进行了考古发掘，发掘面积约 13.4 万平方米，发现东周至隋唐时期各类遗迹 1000 余处。

墓葬 1000 余座，其中春秋时期墓葬 10 余座，战国—秦代墓葬 670 余座，汉代墓葬 130 余座，唐代墓葬 160 座，明清墓葬 40 余座。

秦文化墓形制主要有竖穴土坑墓、竖穴墓道偏洞室墓以及竖穴墓道直线洞室墓三种。竖穴土坑墓一般较深，部分带有二层台，多数有棺椁，M1545 有在墓底铺设积石的现象，可能与西北地区石构墓葬的习俗具有一定的联系。10 余座竖穴土坑墓中发现殉人，殉人放置于壁龛内或二层台上，为近年西安地区秦文化墓所罕见。绝大多数竖穴墓道偏洞室墓和竖穴墓道直线洞室墓的墓道与墓室之间有封门，部分墓室中还有 1~3 个放置随葬器物的壁龛。

M639 为一座竖穴土坑墓，开口长 4.4、宽 4.3 米，底长 4.3、宽 4.2 米，深 9 米。距墓底 1.6 米的南、北壁有二层台，其上放置 4 个殉人，葬式为侧身屈肢葬，殉人周边发现漆皮、朱砂痕迹。墓底发现有木葬具，一棺一椁，棺位于椁内中部偏东，

均已腐朽。木椁残长 3.8、宽 2.3、板厚 0.009 米，木棺残长 2.2、宽 0.8 米。棺内人骨已腐朽，仅发现部分骨沫，根据棺长判断，葬式可能为直肢葬。墓室西部出土有铜器、陶器、玉器等随葬器物 59 件（组），包括铜鼎 5 件、簋 4 件、匜 1 件、盘 1 件、甗 1 件、钫 2 件等；在殉人附近发现金饰 2 件、玉饰 2 件、金环首铁刀 1 件和铜环首铁刀 1 件，尤为重要。初步判断墓葬年代为春秋中晚期。

M819 为一座竖穴土坑墓，长 5.15、宽 3.3、深 9.7 米。距墓底 2.2 米的南、北两壁各有一壁龛，壁龛内各有一殉人，葬式均为仰身屈肢葬。墓底发现木葬具，一棺一椁，均已腐朽。木椁底板由 12 块木板由北向南依次平铺组成，木板长 4.3、宽 0.2、厚 0.015 米，木椁残长 4.3、宽 2.7、板厚 0.015 米。木棺位于椁内中部偏东，残长 2、宽 1.3 米。棺底发现一具人骨，已朽，葬式为头向西的屈肢葬。墓室西部出土铜器、陶器、玉器等随葬器物 61 件（组），包括铜鼎 5 件、簋 4 件、盆 1 件、壶 2 件及玉饰 6 件、玉玦 1 件、金丝 1 件等，独具特色。初步判断墓葬年代为春秋中晚期。此类墓葬的发现可以将西安南郊地区的秦文化墓时间提前至春秋中期。

该墓地秦文化墓随葬器物形成了一定的组

M369（战国时期）
Tomb M369 (the Warring States Period)

M1545（春秋晚期）
Tomb M1545 (the Late Spring and Autumn Period)

合，铜器器物组合有鼎、簋、壶、匜、盘、甗，鼎、壶、匜、盘以及鼎、壶等多种，陶器器物组合有鼎、壶、罐、盆、釜、盒以及鼎、甗、甑、罐、盒等。有的墓葬出土石圭、铜带钩，表明墓主具有一定的身份等级。M201出土一件带有"杜亭"戳印的陶盒，实证了秦人在该地设置了名"杜"的基层管理机构。墓地中人骨保存较好，葬式多为头向西的屈肢葬，具有典型的秦文化墓特征。该墓地墓葬形制多样，随葬器物丰富，反映了西安地区秦文化墓的主要文化面貌，形成了从春秋中晚期到西汉中期的完整考古学文化序列。

战国秦汉墓葬出土器物丰富，基本囊括全部随葬器物种类，为研究该地区的古人生产生活提供了新材料。战国墓葬M251出土铜壶一件，内含液体，经实验室检测，液体内可能含有醇类物质，该发现将西安地区酒类遗存发现提早至战国时期。战国墓葬M901中出土镂空蟠螭复合纹铜镜一件，形制罕见，在西安地区尚属首次发现。汉代墓葬M539中出土完整的木梳一件，为近年来西安地区出土较为完整的有机质文物之一，同时还出土含有谷物遗存的陶仓，种类可能为糜子或谷子，为研究汉代西安地区农业生产提供了新材料。

除东周、秦汉时期墓葬外，该墓地的唐墓也有重大发现。M703为斜坡墓道土洞墓，平面呈刀形。墓道开口南北长2.3、斜坡长2.7、东西宽0.96、深1.4米，坡度31°，内有过洞、天井各一个。墓室内有生土棺床，出土人骨1具，头向北，面向上，葬式为仰身直肢葬。人骨左肩处出土铜盒1组（含铜盒、纸质经文、铜人像各1件）、铜钱15枚，墓室东部出土陶罐1件。其中纸质经文

M1617（战国时期）
Tomb M1617 (the Warring States Period)

M853（战国时期）
Tomb M853 (the Warring States Period)

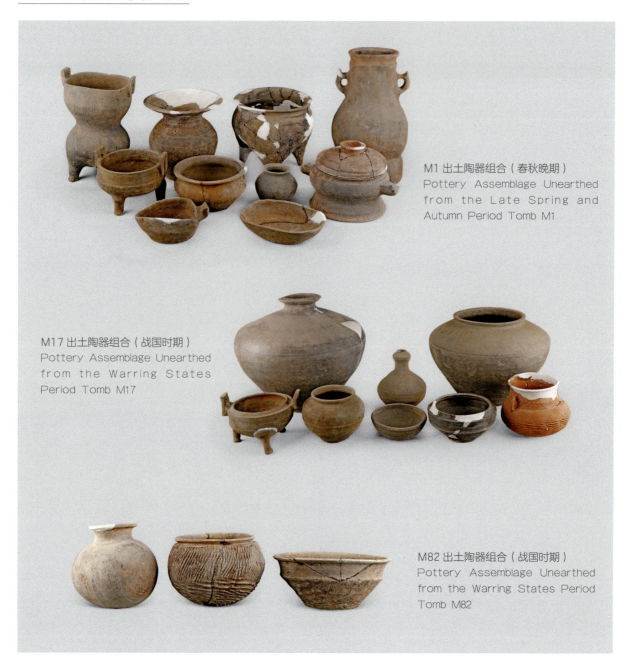

M1 出土陶器组合（春秋晚期）
Pottery Assemblage Unearthed from the Late Spring and Autumn Period Tomb M1

M17 出土陶器组合（战国时期）
Pottery Assemblage Unearthed from the Warring States Period Tomb M17

M82 出土陶器组合（战国时期）
Pottery Assemblage Unearthed from the Warring States Period Tomb M82

为近年来墓葬出土最完整的纸质文书。根据释读推测，经文可能为《佛说摩利支天救护身命经》，铜像为摩利支天像。摩利支天主要为密宗所传，这部经文的发现，实证了唐代玄宗时期以后，密宗已经在西安地区广为流传，对中国佛教史、佛经流传史等研究意义重大。

此外，该遗址还发现马坑 10 余座、车马坑 1 座，已发掘马坑 1 座，并初步清理出车马坑的大致范围。K1 为马坑，平面呈长方形，东西向。东西残长 12.2、南北宽 3.1、深 4.1 米。其内葬有马骨 6

具、牛骨 1 具。动物骨骼间发现呈东西向直线排布的三个狭小竖穴土坑，其内发现有人骨、马骨、车马器及少许棺木灰痕迹。K2 为车马坑，平面呈长方形，东西向。长 24.3、宽约 3、深约 2.7 米。发现 7 组车马遗迹现象，目前已清理了 3 架马车。标本 K2-1，车形制完整，车厢厢体中东部有长约 0.4 米的红漆遗迹。车轴长 2.44、车轮直径 1.4 米。马骨被汉墓打破，约为 4 匹马，单匹马长 1.75～1.85 米。四周陪葬兽骨，包括殉狗 1 具、牛头约 10 个等。标本 K2-2，车形制完整，车轴残长 2.15、车

M819 出土铜器组合（春秋中晚期）
Bronze Assemblage Unearthed from
the Middle and Late Spring and
Autumn Period Tomb M819

M201 出土"杜亭"陶盒（战国时期）
Pottery Box Inscribed with the
Characters "Du Ting" Unearthed
from the Warring States Period
Tomb M201

M513 出土铜器组合（春秋中晚期）
Bronze Assemblage Unearthed
from the Middle and Late
Spring and Autumn Period
Tomb M513

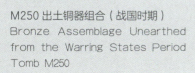

M250 出土铜器组合（战国时期）
Bronze Assemblage Unearthed
from the Warring States Period
Tomb M250

M639（春秋中晚期）
Tomb M639 (the Middle and Late Spring and Autumn Period)

轮直径 1.3 米，车厢东西长 1.2、南北宽约 0.8 米。车厢东南部出土箭杆，长约 0.15 米；车厢外有"回"形纹饰红色漆皮；车轴及车厢上有车马器。出土马骨 2 具，单匹马长约 1.7 米。标本 K2-3，车形制完整，车轴残长 2.6、车轮直径 1.25 米，车厢东西长 1.2、南北宽约 0.8 米。车厢上绘有红漆黑彩纹饰，装饰有车马器。出土马骨 4 具、狗骨 1 具，单匹马长约 1.75 米。此次发现的车马坑，形制与陕西宝鸡凤翔孙家南头墓地、甘肃礼县圆顶山墓地的车马坑相同，应为秦文化车马坑，对研究秦人车马殉葬习俗有重要意义。此外，在车马坑中出土的彩绘漆皮，也为西安地区车马坑中的重要发现，对研究该时期的髹漆工艺有重要价值。

曹家堡遗址遗存时间跨度大，文化面貌丰富，是近年来西安南郊地区重要的考古发现。

（供稿：王艳朋　段成刚　肖小勇　胡宇煊）

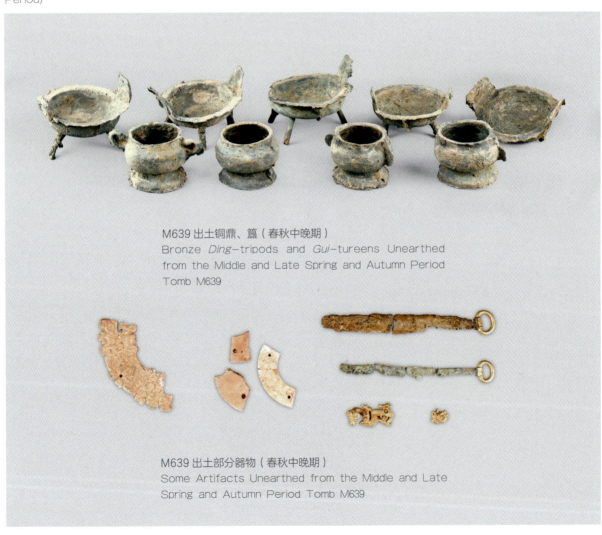

M639 出土铜鼎、簋（春秋中晚期）
Bronze *Ding*-tripods and *Gui*-tureens Unearthed from the Middle and Late Spring and Autumn Period Tomb M639

M639 出土部分器物（春秋中晚期）
Some Artifacts Unearthed from the Middle and Late Spring and Autumn Period Tomb M639

M819（春秋中晚期）
Tomb M819 (the Middle and Late Spring and Autumn Period)

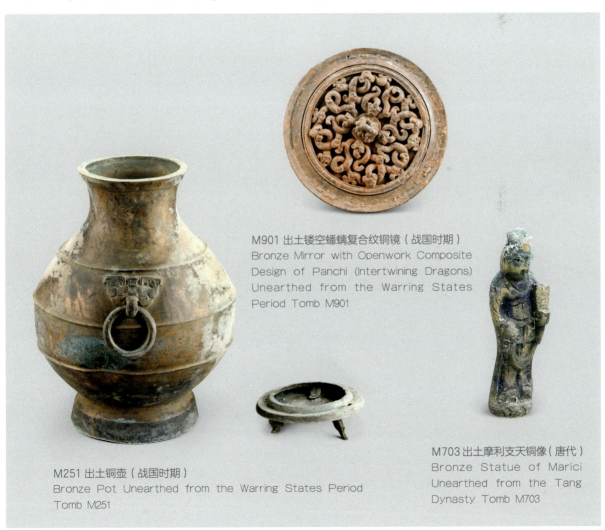

M901 出土镂空蟠螭复合纹铜镜（战国时期）
Bronze Mirror with Openwork Composite Design of Panchi (Intertwining Dragons) Unearthed from the Warring States Period Tomb M901

M251 出土铜壶（战国时期）
Bronze Pot Unearthed from the Warring States Period Tomb M251

M703 出土摩利支天铜像（唐代）
Bronze Statue of Marici Unearthed from the Tang Dynasty Tomb M703

马坑 K1
Horse Pit K1

M1813 中殉马现象（春秋晚期）
Horse Sacrifice in the Late Spring and Autumn
Period Tomb M1813

车马坑中黑彩纹饰红漆皮出土情况
Fragments of Red Lacquerware with Black Pattern
in the Chariot and Horse Pit in Situ

车马坑 K2
Chariot and Horse Pit K2

M703 出土唐《佛说摩利支天救护身命经》写经
Deva Marici Sutra of the Tang Dynasty Unearthed from Tomb M703

M539 出土陶仓（西汉，内含谷物遗存）
Pottery Granaries Unearthed from the Western Han Dyuasty Tomb M539 (with Grain Remains)

M539 出土木梳（西汉）
Wooden Comb Unearthed from the Western Han Dyuasty Tomb M539

M539 陶仓中的谷物遗存（西汉）
Grain Remains in Pottery Granary Unearthed from the Western Han Dyuasty Tomb M539

M703（唐代）
The Tang Dynasty Tomb M703

车马坑中红色漆皮出土情况
Fragment Red Lacquerware in the Chariot and Horse Pit in Situ

车马坑中车马器出土情况
Chariot and Horse Fittings in the Chariot and Horse Pit in Situ

The Caojiabao Site is located in Caojiabao Village, Guodu Street, Chang'an District, Xi'an City. To cooperate with capital construction, the Xi'an Municipal Institute of Archaeology and Conservation excavated the site in 2023. The project discovered more than 1000 varied remains ranging from the Eastern Zhou Period to the Sui and Tang dynasties, including a chariot and horse pit, horse pits, and tombs mainly dating to the Eastern Zhou, Qin, and Han periods. It was an infrequent discovery that human sacrifices were buried in niches and secondary ledges in Qin tombs; the rectangular chariot and horse pit buried with seven groups of chariots and horses also placed significance on studying the chariot and horse sacrificial custom of the Qin people. In addition, many unearthed grave goods, such as the bronze mirror with openwork panchi (intertwining dragons) design and alcoholic substances of the Warring States Period, wooden comb of Han and the Deva Marici Sutra (《佛说摩利支天救护身命经》) of Tang, providing rich information to study metallurgy, conservation of organic artifacts, and the disseminating history of Buddhist texts. The long span of time and diverse cultural connotations have made the Caojiabao Site a significant discovery in the southern suburbs of Xi'an in the last few years.

重庆武隆
关口西汉一号墓

GUANKOU WESTERN HAN TOMB NO. 1 IN WULONG, CHONGQING

关口西汉一号墓位于重庆市武隆区江口镇蔡家村乌江右岸第一、二级台地之间，属于天子坟遗址的一部分。天子坟遗址系受重庆乌江白马航电枢纽工程建设水位影响的文物点之一，属白马航电枢纽工程重点考古发掘点。天子坟遗址内涵丰富，历年出土有汉至六朝时期石阙、石辟邪等残件，"长孙无忌"衣冠冢也位于遗址范围内。经国家文物局批准，2023年3月至今，重庆市文物考古研究院对天子坟遗址进行了考古勘探和发掘，除发掘宋代建筑基址和发现汉代石阙坊子层外，在勘探中还发现了一批汉至六朝墓葬，其中关口西汉一号墓出土了大量漆器、木器、竹器、丝麻制品、陶器、铜器、玉器等珍贵器物。

该墓为长方形竖穴土坑木椁墓，方向81°。建造方式为先挖竖穴墓圹，墓圹内置木椁，后于木椁顶部及四周包裹白膏泥。墓圹长6.5、宽4.25～4.3米，椁室顶部距现地表2.11米。由于墓内常年处于满水状态，且未被盗扰破坏，故椁室、木棺及随葬器物均保存较好。

椁室呈长方形，长5.07、宽2.72、深2.03米。整体由三层盖板、四壁围板及底板组成。椁室分为头箱、边箱和棺室三部分，且均以榫卯结构镶嵌连接。头箱、边箱及棺室各部分以门相通，其中边箱与棺室之间另设两处窗棂相隔。头箱南部、边箱西部皆发现用以放置器物的隔板。边箱隔板均垮塌，头箱三层隔板保存较好，第二层隔板上

椁室正射影像
Orthophotograph of the Coffin Chamber

边箱器物出土情况
Artifacts in the Side Chamber in Situ

竹席出土情况
Bamboo Mat in Situ

仍可见木俑及漆盒、壶盖等器物。棺室北壁、西壁、东侧立柱下方及窗棂均有彩绘。木棺呈长方形盒状，长 2.38、宽 0.86～0.9、高 0.8 米，底板四周均宽出壁板约 0.02 米。木棺盖板、壁板及底板均用整板，其中四壁板以透榫相连接，壁板与盖板、底板之间则以暗榫连接。棺盖表面有 4 道横向棺束，均匀分布于棺盖表面，棺束宽约 0.17 米。棺盖与棺体之间的缝隙使用夹纻工艺封缄，共使用宽约 0.04 米的条状纺织物 7 条，其中 6 条长 0.96 米，1 条长 0.62 米。

目前椁室、木棺内共出土器物 680 余件，可分为实用器、模型明器两种，包括漆、木、竹、丝麻、铜、陶、玉、角八类。漆器以耳杯、盘为主，另可见几、案、圆壶、扁壶、樽、卮、圆盒、耳杯盒、盂、奁、平盘、匕等；木器以牍、俑、车、马、牛、猪、伞、船、璧、博局、戈、棨、剑、盾、勺、篦、梳等为主；竹器可见筒、笥、弓、排箫、席等；丝麻制品见有编织履、香料包、棕绳等；铜器包括矛、鼎、壶、钫、洗、釜、鍪、铞、釜甑、灯、熏炉、镜、钱币等；陶器见有罐、盆、釜甑等；玉器为木棺内出土的剑珌；角器为棺内出土的簪。另在椁室壁板及棺内出土的漆奁内见有大量朱砂。

木牍系较为重要的发现，可分为干支木牌和

干支木牍
Wooden Tablets Recording Ganzhi (the Sexagenary Cycle)

遣策木牍
Wooden Tablets of Qiance (Inventory of Sent Items)

遣策两类。干支木牌共23枚,其中1枚书写"令日"二字,其余22枚皆单字书写十天干及十二地支。遣策共8枚,其中1枚内容为告地书,墨书题记"二年二月己未朔丙戌涪陵卢敢告地下主御史昌案掾地下狱疏书所及从者一人可续食与从事敢告主",4枚则主要记录随葬器物的名称、数量及尺寸等,其余3枚无字。

人骨整体保存较差,经中国社会科学院考古研究所王明辉研究员鉴定,该墓墓主为男性,年龄为40~60岁。初步判断身高逾175厘米,肢骨极为粗壮,存在骨质增生和贫血的现象。推断墓主身材高大,体格健壮,身材匀称。

根据告地书记载,墓主名昌,姓氏暂不可考,官职为"御史"。《汉书·百官公卿表》记载,时设丞相、御史大夫、太尉三公制度。御史大夫属官有御史丞、御史中丞。其中,御史丞领御史三十员,御史中丞领侍御史员十五人。虽然御史大夫、御史丞、御史中丞有时也简称御史,但从关口一号墓的规模看,其墓主官职当为御史或侍御史。《汉书·百官公卿表》记西汉御史不授印,这与该墓不见印章的情况相一致。

关口一号墓具有重要价值。第一,该墓是极为少见的有明确纪年的西汉初期墓葬,是西南地区目前发现的保存最为完好的西汉木椁墓,是长江上游地区一次性出土漆木竹器最多的墓葬,也是重庆地区发现的罕见"清水墓",是乌江流域秦汉考古的重大发现,填补了相关空白。第二,该墓的发现有利于修正学界对巴蜀地区华夏化的

漆盘
Lacquer Plate

漆耳杯
Lacquer Ear Cups

漆奁
Lacquer *Lian*-casket

彩绘木璧
Painted Wooden *Bi*-disc

木俑
Wooden Figurines

木骑马俑
Wooden Figure of Horse and Rider

铜器
Bronzes

传统认识。巴蜀地区华夏化进程存在不平衡现象，一是地域性的，二是阶层性或行政性的。通常认为，巴蜀地区西汉早期仍具有浓郁的巴蜀文化特征，至西汉中期时巴蜀文化才完全融入汉文化。乌江流域传统上被认为是少数民族的世居地，但关口一号墓展现了高度的汉化特征，又出土了木船和铜釜、鍪等具有本地文化特色的器物，对研究汉代"归葬"制度有重要价值，是探究巴蜀文明融入汉文明的生动案例。第三，该墓展现了汉文化确立过程中，巴、蜀、楚、秦文化交汇融合的时代特征。一是墓葬中仍然出土了少量釜、鍪、釜甑等传统巴文化铜器；二是出土漆器烙印文字显示其大多应来自蜀地成都，反映了西汉初全国一统大市场的形成；三是墓葬中的衣物疏等是楚文化传统的遗留和发展；四是出土的漆扁壶、铜蒜头壶等具有秦文化传统因素。第四，该墓是西汉初期墓葬断代的重要参照标志，"二年二月己未朔"可对应公元前186年、公元前155年，结合墓内随葬的植物种子¹⁴C测年以及随葬器物形制特征等判断，当以公元前186年为宜。这个精确年代对研究秦、汉过渡时期的葬仪、随葬器物形态与组合有重要参照价值。第五，该墓是西汉初期等级制度确立的见证。墓葬尺寸大小、棺内

头箱和边箱数量均体现了典型的西汉中型墓葬特征，其官秩六百石而不授印也与规制相合。墓中出土漆扁壶、圆壶以及铜釜、钫、灯等均为两套。出土车轮4件、马6匹（除骑马俑外），疑为"骖车两驾"。据《逸礼·王度记》载"天子驾六，诸侯驾五，卿驾四，大夫三，士二，庶人一"，墓主身份对应大夫级别。出土舆车及手持剑、戈、盾等兵器的护卫俑与散落至边箱的骑马俑等形成一整套墓主出行仪仗。西汉的丧葬制度在惠帝和吕后时期得到了完善，关口一号墓严格执行了该制度。第六，该墓出土简牍具有重要价值。这批简牍是秦篆向汉隶转变的重要文字资料。遣策中关于随葬器物的记录可与出土器物进行对比，对考证西汉初的名物有重要价值。另外，此前发现的告地书年代多为西汉中晚期，此次告地书的出土为开展告地书发展演变研究提供了重要实物资料。出土遣策中关于木俑身份的记载有利于推动西汉出土人俑问题的研究。简牍中关于"涪陵"的记载，则进一步明确了涪陵设县的历史。第七，椁室彩绘目前可辨题材包括云气纹、云虚纹等，由红、黑、白彩绘制，线条飞旋流动、轻盈飘逸，对认识西汉初期丧葬观念等具有重要意义。

（供稿：白九江 黄伟 叶小青 李大地）

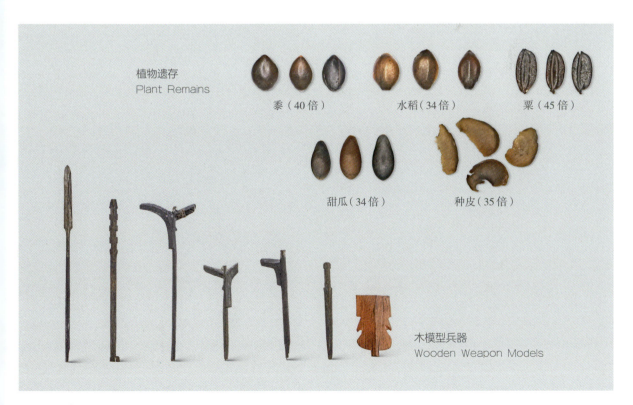

植物遗存 Plant Remains

黍（40倍） 水稻（34倍） 粟（45倍）

甜瓜（34倍） 种皮（35倍）

木模型兵器 Wooden Weapon Models

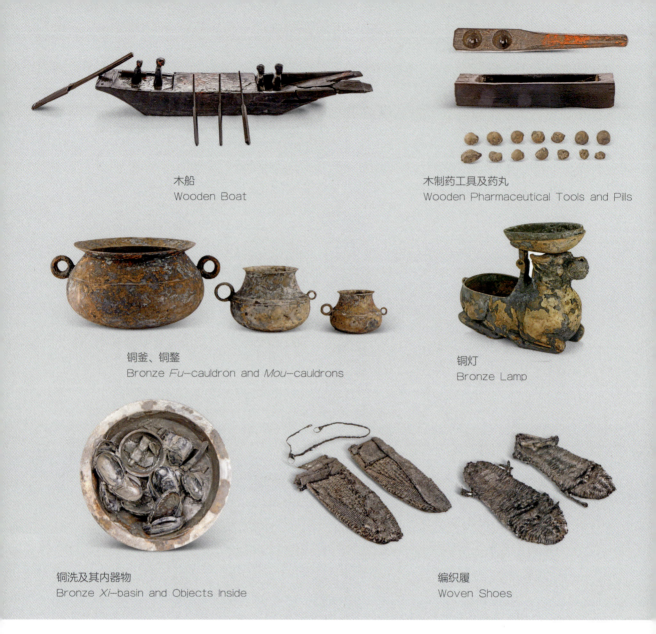

木船
Wooden Boat

木制药工具及药丸
Wooden Pharmaceutical Tools and Pills

铜釜、铜鍪
Bronze *Fu*-cauldron and *Mou*-cauldrons

铜灯
Bronze Lamp

铜洗及其内器物
Bronze *Xi*-basin and Objects Inside

编织履
Woven Shoes

The Guankou Western Han Tomb No. 1 is situated between the first and second terraces on the right bank of the Wu River in Caijia Village, Jiangkou Town, Wulong District, Chongqing City. In September 2023, the Chongqing Municipal Institute of Cultural Relics and Archaeology excavated the tomb. It is structured as a rectangular earthen pit with a vertical shaft and rectangular wooden chamber. The chamber was partitioned into head, side, and coffin chambers. Over 680 and nine categories of artifacts - lacquer, wood, bamboo, silk and linen, bronze, pottery, jade, horn, and cinnabar - were unearthed, including some with valuable written texts such as wooden tablets recording *ganzhi* (the sexagenary cycle), *qiance* (inventory of

sent items), and *gaodishu* (notice to the underworld). According to the *gaodishu*, it is known that the tomb owner was an imperial censor named "Chang". The Guankou Tomb No. 1 is the best-preserved wooden chamber tomb of the Western Han Dynasty discovered in southwest China. It also unearthed the most abundant artifacts made of lacquer, wood, and bamboo from a single tomb in the upper reaches of the Yangtze River. The tomb demonstrates the characteristics of the period when Ba, Shu, Chu, and Qin cultures converged in the process of the establishment of Han Culture, placing significance on exploring the ritual of *guizang* (to take the deceased's body back to their hometown for burial) during the Han Dynasty.

河北邺城遗址核桃园北齐佛寺 11 号基址及附属建筑

FOUNDATION NO.11 AND ANNEXES OF HETAOYUAN BUDDHIST TEMPLE OF THE NORTHERN QI DYNASTY AT THE SITE OF YECHENG CITY, HEBEI

邺城遗址位于河北省邯郸市临漳县西南，是曹魏至北齐六朝故都。1988 年被国务院公布为第三批全国重点文物保护单位，2022 年被国家文物局列入第四批国家考古遗址公园名单。东魏北齐邺城范围广阔，自内而外由宫城、内城（邺南城）、外郭城（区）三重环绕而成。核桃园北齐佛寺地处内城正南门朱明门外大街东侧，西距赵彭城北朝佛寺约 0.6 公里，北距内城南城墙约 1 公里，地理位置极为重要。2012～2018 年，邺城考古队对核桃园北齐佛寺开展了系统的考古勘探与发掘工作，自南向北先后发现和发掘了 1 号塔基、5 号门址和 2 号大殿等位于中轴线上的核心建筑遗迹。2019～2023 年，为继续探寻佛寺平面布局及外围边界，考古队又对 2 号大殿西侧开展了长期工作，累计发掘面积约 2000 平方米，发现了以 11 号基址为中心的建筑组群，取得了较为重要的收获。

以 11 号基址为中心的建筑组群位于中轴线建筑组群西侧、2 号大殿西北方向，该建筑组群形成了一条新的轴线，与中轴线间距约 56 米。据勘探，在中轴线建筑组群东侧亦存在与之对称分布的建筑组群。11 号基址位于该建筑组群的中心位置，平面近方形，东西长 17、南北宽 16 米。11 号基址地上台基部分破坏较为严重，残高约 0.3 米，台明仅中心偏北位置尚保存一长条形瓦片坑，东西长约 2.8、南北宽 0.64 米，性质暂不明确。

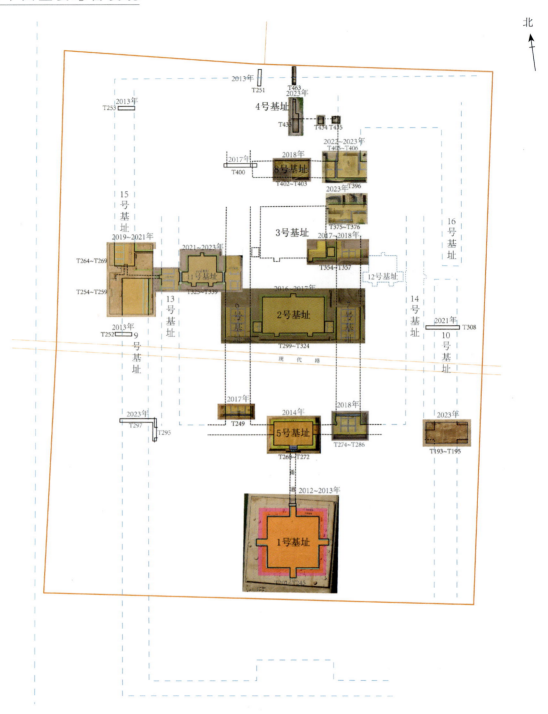

核桃园北齐佛寺平面布局图
Layout of the Hetaoyuan Buddhist Temple of the Northern Qi Dynasty

台基周边包砖边界和散水范围较为清晰，局部残存 4 层包砖，下层包砖紧贴台基夯土，上层包砖与夯土之间残存填缝碎砖。包砖规格较为接近，多长 30～36、宽 15～17.5、厚 5～7 厘米。台基南侧东西分设两个踏道，破坏较为严重，南北残长 2、东西残宽 2.7、残高 0.25～0.35 米。台基北侧居中设踏道一个，南北残长 1.4、东西残宽 2、残高 0.1～0.3 米。11 号基址地下基础似利用了早期夯土，地下基础东西跨度约 21.3 米，基础西侧与台基西侧邻近，但东侧向东偏移较多。

11 号基址两翼设有连廊，连廊夯土质量一般，南北进深约 6、东西面阔约 3.5 米。西连廊保存较好，西北角尚存一方形础石，边长约 0.42 米，为明确连廊台明高度约 0.3 米提供了重要证据。两翼连廊上除残存柱础外，还可辨四角柱础坑残留，由此可推测连廊为一间形式，柱间距约 4.2 米。连廊与中心台基间应存在高差，在连廊靠近中心台基处均可辨与登台台阶设置相关的遗迹现象。中心台基与两翼连廊外围均环绕散水，宽约 1.2 米。散水破坏严重，大多仅存拦边砖，

一般由三角牙砖和侧立条砖组成，其下往往还铺有一层平砖。

两翼连廊再向外为廊房遗迹，东西两侧略有差异。东侧为 6 号基址，早年曾对其与 2 号大殿衔接处进行过发掘，此次发掘地点距离早年发掘地点较近，故只进行了局部发掘。通过发掘可知，6 号基址与东连廊对应处经过特殊处理，基址中部未设隔墙，可直通 3 号基址所处院落，通道南北柱间距约 4.2 米。6 号基址与东连廊对应处夯土略有凸出，与东连廊间以排水暗沟相隔，沟宽约

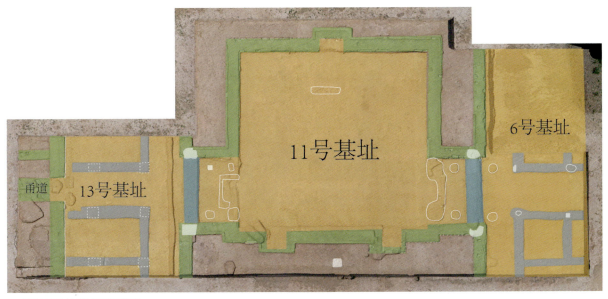

11 号基址及其附属建筑组群
Foundation No.11 and Its Annexes

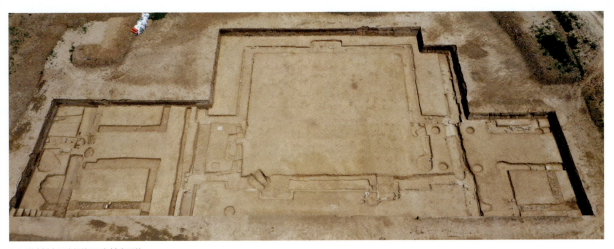

11 号基址及其附属建筑组群
Foundation No.11 and its Annexes

11 号基址西踏道（东—西）
Western Steps of Foundation No.11 (E–W)

11 号基址东踏道（西—东）
Eastern Steps of Foundation No.11 (W–E)

11 号基址西连廊
West Cloister of Foundation No.11

1.5 米，沟南北两端与散水交叉处有两块近方形白灰面。西侧与 6 号基址对称分布的为 13 号基址，夯土质量一般，东西宽约 11 米，与西连廊对应处结构、做法与东侧基本一致，均以排水暗沟与连廊连接。结合解剖情况可知，13 号基址对应柱础位置设有两列礅墩，故应为东西面阔一间形式，其中与西连廊对应通道南北柱间距约 4.2 米，东西柱间距约 4.6 米，其南侧建筑开间近方形，柱间距约 4.6 米。13 号基址东、西两侧设有散水，宽约 1.2 米，东侧散水与西连廊外围散水相连接。13 号基址东侧有一条砖瓦组合铺砌的甬道，宽约 2 米，与 13 号基址之间似有台阶连接。该甬道北侧还有一条与其平行分布的甬道，宽约 0.9 米，残破严重。在 13 号基址的发掘和解剖中，还见到多处早期夯土或铺砖遗留。

13 号基址西侧约 8 米处为 9 号和 15 号基址，

两者方向一致，略有错位，中间以碎瓦和砖铺砌的甬道衔接。此处发现了早、晚两期建筑遗存。早期遗存早于 9 号基址，仅可辨识出数道纵横交错的瓦墙。晚期遗存即 9 号基址，主体为一东西跨度约 17 米、向南延伸逾 35 米的大型廊房式建筑，其外侧有包砖、散水及竖直瓦片砌筑的甬道。台基西侧残存 2 层包砖，包砖以上的夯土壁面残存白灰墙皮，部分表面残见红彩。台基东边缘残留宽约 0.8 米的包砖沟，其内可见平铺砖。在台基上方东侧发现一条宽 0.65 米的南北向碎瓦片沟，瓦片沟在发掘区内分为 5 段，每段长 3 米，每段瓦片沟中间为柱础破坏坑，坑底残有垫沙。在台基北侧发现多道瓦片与砖混砌的甬道，路面两侧竖立摆放整齐瓦片，中间为平铺砖面，瓦片外边缘为侧立砖和三角牙砖，制作较为规整，其中紧贴 9 号基址北侧的甬道与 13 号基址西侧甬道

11 号基址北踏道
Northern Steps of Foundation No.11

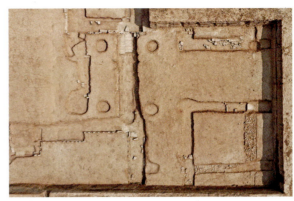

11 号基址东连廊及 6 号基址局部
East Cloister of Foundation No.11 and a Portion of Foundation No.6

11 号基址东连廊及 6 号基址局部
East Cloister of Foundation No.11 and a Portion of Foundation No.6

11 号基址西连廊及 13 号基址
West Cloister of Foundation No.11 and Foundation No.13

13 号基址及甬道
Foundation No.13 and Corridor

9 号与 15 号基址之间甬道
The Corridor Connecting Foundations No.9 and No.15

相连通。9 号基址西北部发现 15 号基址，向北延伸，夯土被破坏严重。其西半部保存略好，可见三间结构相同的房屋，平面均呈正方形，每间面阔约 4 米，房间内有隔墙和柱础坑残迹；东半部夯土残破严重，形制不清。15 号基址南侧中部有

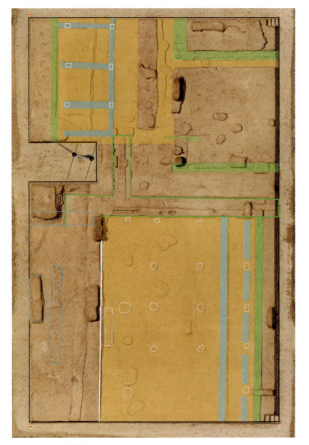

9 号、15 号基址
Foundations No.9 and No.15

砖和碎瓦铺砌的甬道与 9 号基址西北部甬道连通，基址东部残见一条平面呈曲尺形的散水，散水南侧紧邻处还残存一条夯土，再南侧破坏严重，仅局部见有残砖或瓦片路。

总体而言，6 号、13 号、9 号和 15 号基址均为呈南北走向、平行分布的廊房式建筑，特别是 13 号基址与 6 号基址以 11 号基址为中心形成一组新的院落，既可与中轴线院落相通，又相对独立。该院落东西跨度约 29 米，虽然远小于中轴线院落的跨度，但其平面组成及核心殿址的建筑结构依然显示出较高的规制。

发掘出土遗物以砖、瓦类建筑构件为主，种类有板瓦、筒瓦、瓦当、空心砖、兽面瓦等，瓦件表面多呈黑光，显示出独特的时代特性和建筑级别。11 号基址西南、西北、东北三角均出土有大型兽面瓦件，特别是西南角出土的兽面瓦件基本完整，宽 42、高 48 厘米，是邺城遗址首次经科学发掘出土且保存完好的大型兽面瓦件。

核桃园北齐佛寺经研究可确认为兴建于北齐天保九年（558 年）的大庄严寺，这是继邺城遗址赵彭城北朝佛寺之后确认的又一座大型皇家寺院。以往工作确认了位于中轴线上的佛塔、山门、佛殿等主体建筑及其所属院落。据 11 号基址及其两侧附属建筑的发现可知，该佛寺除中轴线院落外，还存在多条平行分布的附属院落，为进一步拓展汉唐时期寺院平面布局研究提供了重要实物资料。核桃园北齐佛寺的持续考古发现也为邺城国家考古遗址公园建设、展示与利用提供了重要考古基础。

（供稿：沈丽华　何利群　朱岩石　郭济桥）

带莲花纹瓦当檐头筒瓦
Semi-cylindrical Verge Tile with Lotus-designed Eave Tile

檐头板瓦
Flat Verge Tile

板瓦
Flat Tile

戳记筒瓦
Stamped Semi-cylindrical Tile

莲花纹瓦当
Eave Tile with Lotus Design

莲花纹瓦当
Eave Tile with Lotus Design

莲花纹瓦当
Eave Tile with Lotus Design

连珠纹莲花纹瓦当
Eave Tile with Lotus and Beads Pattern

画像空心砖残块
Hollow Brick with Imprinted Design

大型兽面瓦件
Large Tile with Beast Mask Design

The Hetaoyuan Buddhist Temple of the Northern Qi Dynasty is located on the east side of the main street outside the Zhuming Gate of Yecheng City (the capital of the Eastern Wei and Northern Qi dynasties). From 2019 to 2023, the Yecheng Archaeological Team of the Institute of Archaeology, the Chinese Academy of Social Sciences, conducted long-term fieldwork on the west side of the No.2 Great Hall and discovered a building complex centered on the Foundation No.11 within around 2,000 sq m area. This building complex is on the west side of the buildings lined up along the central axis of Yecheng City, forming a new axis, and with a symmetrical building complex on the east side. Foundation No.11 was erected in the center, nearly square, with foundations No.6 and No.13 symmetrically arranged in the east and west, and foundations No.9 and No.15 to the west. Most unearthed artifacts are building components of brick and tile, such as flat tiles, semi-cylindrical tiles, and eave tiles. The tiles generally surfaced with blackish gloss, indicating the particular characteristics of the time and architectural rank. Research confirmed that the Hetaoyuan Buddhist Temple was the Grand Zhuangyan Temple (Dazhuangyan Si) built in the 9th year of the Tianbao Er (558) during the Northern Qi Dynasty. The discovery of Foundation No.11 and its annexes provides essential materials to study the temple's layout further.

云南大理太和城遗址
2021～2022 年发掘收获

EXCAVATION RESULTS OF TAIHE CITY SITE IN DALI, YUNNAN, 2021-2022

太和城位于云南省大理市太和街道太和村，是唐代地方政权南诏统一洱海区域后建立的第一座都城。城址西倚苍山、东邻洱海，地处苍山东麓马耳峰与鹤顶峰间葶蓂溪的冲积扇缓坡上，城内面积3.5平方公里。城址平面呈钟口向东的甬钟形，由西向东依次由卫城、上城、下城三部分构成。内城位于上城西南部，依地势坐西朝东，东西长230、南北宽150米，其东部正中发现有东向门道。

近年来，太和城考古发掘工作主要围绕内城及周边区域展开。2017年，发掘了内城西部的夯土台基；2020年，发掘了夯土台基上的三号、四号建筑基址；2021年，对内城东部进行发掘，发掘面积2200平方米；2022年，对内城中部进行发掘，发掘面积800平方米。2021～2022年两次发掘揭露了三座相互叠压的建筑基址，出土瓦当、滴水、有字瓦等标本器物29800余件。

七号建筑基址位于内城中部，是一座由正殿、南北廊道、东廊道及大门围合成的独立院落。院落坐西朝东，面阔57.5、进深94米。正殿处于南北长24.3、东西宽21.3米的台基上。正殿面阔五间22.8米，进深三间16米，发现有雕刻莲花纹的红砂岩柱础石，柱础石上圆下方，中间有榫孔及卡槽。正殿由小殿和回廊两部分组成，平面呈"回"

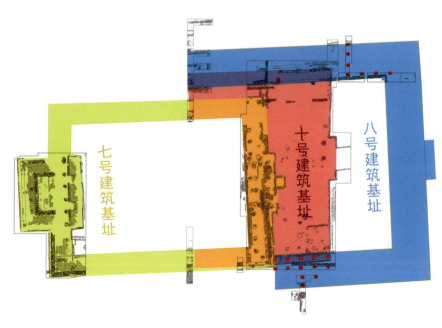

七号、八号、十号建筑基址平面关系图

Correlation Diagram of Building Foundations No.7, No.8, and No.10

2021年发掘区遗迹分布图
Distribution of Remains in the 2021 Excavation Area

七号建筑基址
Building Foundation No. 7

七号建筑基址正殿及南廊道（上为西）
Main Hall and South Cloister of Building
Foundation No.7 (Top is West)

七号建筑基址正殿西侧倒塌堆积

Collapsed Accumulations on the West Side of the Main Hall of Building Foundation No.7

七号建筑基址正殿石柱础

Stone Column Base of the Main Hall of Building Foundation No.7

七号建筑基址廊道西南转角（北—南）

The Southwest Corner of the Cloister of Building Foundation No.7 (N–S)

七号建筑基址正殿月台及阶道

Platform (Yuetai) and Steps of the Main Hall of Building Foundation No.7

七号建筑基址东廊道（南—北）

East Cloister of Building Foundation No.7 (S–N)

七号建筑基址门道内侧路面及排水沟

Pavement and Drainage Ditch on the Inner Side of the Doorway of Building Foundation No.7

字形。小殿面阔 14.3、进深 6.5 米，殿内铺砖地面分为上下两层，上层似为供台。小殿南、北、西三面由厚达 1.3 米的石墙围合成方形，石墙底部以红色黏土及白灰饰面。小殿四周均有回廊，南、北、西三面回廊宽 3.1 米，回廊东半部斜铺绿釉方砖，回廊西半部正中以条形青砖正铺成步道，步道两侧以条形青砖斜铺修饰，回廊外侧有石墙围合；小殿东面回廊与南北回廊同宽，以坡道与南北回廊相连通。正殿东侧有月台，月台宽 5 米，地面斜铺绿釉方砖。月台南北两侧各有一阶道通入正殿，阶道采用青砖铺砌而成，宽 2.9 米。月台高于东部天井 1.9 米，与天井间无阶道相通。

正殿南北两侧连接南北廊道。南廊道宽 4.8～5 米，整体依地势由东向西呈斜坡状上升。廊道外侧有石墙，靠天井的内侧无墙，以石块单面垒砌成台基，台基下有排水沟。南廊道有内外两排磉墩，外排磉墩位于石墙内，内排磉墩沿台基边缘分布，磉墩东西间距 4.1 米。南廊道保存较好，

七号建筑基址门道（上为西）
Doorway of Building Foundation No.7 (Top is West)

八号建筑基址磉墩
Plinth Foundation of Building Foundation No.8

十号建筑基址台基
Platform of Building Foundation No.10

八号建筑基址南廊道北侧排水沟
Drainage Ditch on the North Side of the South Cloister of Building Foundation No.8

十号建筑基址东部门道
Eastern Doorway of Building Foundation No.10

部分地面斜铺绿釉方砖，局部铺砌条形青砖，铺砌的绿釉方砖晚于条形青砖。条形青砖铺砌方式与正殿西半部回廊相同，均正铺为步道，步道两侧斜铺装饰。

七号建筑基址东廊道及门道处于石砌高台之上，高于东部地表 1.9 米。门道处分布有较多磉墩及柱础石，并以绿釉方砖铺砌地面。门道面阔 19、进深 5.6 米，应为面阔三间、进深三间的殿堂式门道。门道内侧有石铺道路通入天井，道路下有排水暗沟。门道外侧以石块和青砖垒砌为阶道，阶道宽 4.5 米。

七号建筑基址南廊道的石墙有错位叠压现象，解剖发现石墙间有早晚叠压打破关系，廊道不同部位的铺砖方式不尽相同，表明建筑至少历经三次改复建，沿用时间较长。建筑基址上叠压有大量砖瓦倒塌堆积，出土砖瓦 40 余吨。建筑采用的绿釉方砖尺寸多为 30×30×3.5 厘米，青砖尺寸多为 37×15×4 厘米，板瓦长 36～40、宽 19～25 厘米，筒瓦长 38～41、直径 13～15 厘米。倒塌堆积内发现有法轮纹、莲花纹、兽面纹、卷云纹等瓦当，滴水多为卷云纹或凤鸟纹等。瓦片中包含大量有字瓦，可见"官菖奴罗""造寺""八官君酉仲"等。正殿内出土有釉陶佛像、红砂岩石刻造像底座等，天井内亦发现有少量石佛像。从建筑形制及出土遗物来看，七号建筑基址应为寺庙。根据出土瓦当及采样测年结果判断，七号建筑基址年代为大理国中晚期。

八号建筑基址西半部叠压于七号建筑基址之下，目前仅揭露出东半部的部分廊道，尚未发现正殿。根据现有资料分析，八号建筑基址的结构

与七号建筑基址相似，由正殿、廊道、大门围合成独立院落。院落坐西朝东，南北面阔达 80 米，是目前发现的规模最大的南诏大理国时期建筑。八号建筑基址以纯净的黄色黏土及红褐色黏土夯筑基础。廊道宽 10.8 米，分为三间，南北向每排分布有 4 个磉墩，东西向磉墩排间距为 4.7 米。磉墩多为圆角方形，开挖于夯土之上，以平铺碎瓦片和夯土层层交错夯筑，制作规整。院落外侧及廊道内侧均发现有石砌排水沟，院内排水沟以石块铺砌沟底及两壁，拐角处及间隔一定距离处分布有方形水池。八号建筑基址东廊道叠压于内城东墙之上，东门叠压内城东门，八号建筑兴建时，内城东城墙被毁、已不具备防御功能。根据出土遗物及采样测年结果判断，八号建筑基址年代为南诏中期至大理国早期。

十号建筑基址叠压于八号建筑基址之下，为南北面阔达 66.5 米的大型台基，目前揭露的东西向进深 28 米。台基采用大型石块围砌，台基东部残高 1.3 米，台基围石下方设有石砌排水沟。沿石围台基边缘分布部分柱洞，柱洞直径约 0.2 米。台基东部正中有宽达 14 米的凸出台阶，应为门道位置。目前尚不清楚十号建筑基址的具体结构。十号建筑基址东门正对内城东门，应与内城同期规划建成。根据出土遗物及采样测年结果判断，十号建筑基址年代为南诏早期。

2021～2022 年度的发掘较为完整地厘清了七号建筑基址的结构，局部揭露了八号、十号建筑基址。七号、八号建筑基址均由正殿、南北廊道、东廊道及大门围合成独立院落，这种建筑结构与五指山遗址一号、三号建筑基址以及太和城一号建筑基址结构相同，这些共性初步展现了南诏大理国时期建筑的特点，反映了南诏大理国建筑的延续性。南诏大理国建筑在建筑材料及营造方式上深受中原文化影响，两者间联系密切。建筑大量采用石材砌筑基础，排水系统发达，不取周正因地就势融入地方环境，又展现出部分鲜明的地方特色。七号、八号、十号建筑基址体量大、规格高，且在相同区域内反复叠压，说明作为太和城核心区域的内城延续使用时间较长，建筑更迭频繁。这些连续的叠压关系对研究南诏大理国建筑演变具有重要意义，也为分析太和城内城结构布局及功能性质变化奠定了基础。

（供稿：朱忠华　周毅恒　昂文亮）

陶佛像
Pottery Buddha Statues

琉璃佛像
Colored–glass (Liuli) Buddha Statues

石刻
Stone Carving

"□廿九" 有字瓦
Inscribed with Characters
"□uan Nian Jiu"

"八官君酉仲" 有字瓦
Tile Inscribed with Characters
"Ba Guan Jun Qiu Zhong"

"官瓦眷买子" 有字瓦
Tile Inscribed with Characters
"Guan Wa Juan Mai Zi"

"官罗苴" 有字瓦
Tile Inscribed with
Characters "Guan Luo Ju"

瓦当
Eave Tiles

滴水
Drip Tiles

鸱吻
Roof Ornament (Chiwen)

铜鎏金器盖
Gilt Bronze Lid

The Taihe City Site is located in Taihe Village, Taihe Street, Dali City, Yunnan Province. It was the first capital city established by Nanzhao, the local regime of the Tang Dynasty, after it unified the Erhai area. From 2021 to 2022, the Yunnan Provincial Institute of Cultural Relics and Archaeology continued to excavate the inner city. Within a 3,000 sq m area, archaeologists discovered three overlapping building foundations and more than 29,800 representative artifacts such as eave tiles, drip tiles, and inscribed tiles. Building Foundations No.7 and No.8 are independent compounds comprised of the main hall, north and south cloisters, east corridor, and main gate. Along with Building Foundation No.10, the three are all large-scale and high-ranking, recurrently overlapped at the same place, implying the inner city, as the core area of Taihe City, has been used for an extended period with frequent architectural renewal. The continuous superposition relationship places significance on understanding the architectural evolution of Nanzhao and Dali kingdoms, and lays the foundation for analyzing the structural layout and functional changes of the inner city of Taihe City.

山西霍州
陈村瓷窑址

HUOZHOU PORCELAIN KILN SITE IN CHEN VILLAGE, SHANXI

霍州窑位于山西省临汾市霍州市白龙镇陈村，地处汾河西岸台地边缘。窑址发现于20世纪70年代，2006年被公布为全国重点文物保护单位。2021年，霍州市委、市政府启动霍州窑保护规划编制工作。经国家文物局批准，2022~2023年，山西省考古研究院、北京大学、复旦大学及霍州市文物部门联合对陈村瓷窑址开展了首次考古发掘工作。

依据陈村历史卫星影像、现状实测图和陈村地表现状，将所有调查区域分为地块、房屋、庙宇三类，分别编号建档，逐地块调查登记，并对局部进行勘探。野外调查面积40万平方米，勘探面积2.6万平方米。经过前期系统调查和勘探，本次考古发掘工作在8个地点进行，发掘面积600平方米。揭露金元时期窑炉5座、明清时期窑炉4座以及各时期的作坊、灰坑等多处窑业遗迹，出土了大量瓷片和窑具，取得了重要的收获。

霍州窑约在北宋后期开始烧造，金代达到成熟，形成了以细白瓷产品为主流特色产品、"擦涩圈"叠烧为主要装烧技术和细凸线纹印花为装饰特征的瓷业面貌。细白瓷产品胎体洁白坚致，

发掘区局部三维模型图
3D Model of a Part of Excavation Area

器形小巧多样，釉层稀薄光亮，釉色洁净明快。常见器形有浅盘、小碗、小盏、玉壶春瓶等。器物内壁中下部常有细凸线纹印花装饰，不用边饰。纹样题材富有生活情趣，艺术风格活泼而灵动，常见纹样有水波禽鸟、缠枝花卉、蝴蝶花卉、莲花童子及奔鹿、兔子等动物纹等。纹样布局或为二方连续，或以六、八、十等分分栏布置。印花纹饰中偶有"郭窑瓷器""廉家""李一造""郭七"及"闫大"等不同姓氏的标记，表现出以作坊为单位的生产经济形态。金代瓷窑还生产一定量的化妆白瓷产品，同样以涩圈叠烧为主流支烧技术，胎体黄白。器物以碗、盘为大宗，造型圆润，圈足较高，亦见有枕等琢器。

霍州窑元代产品仍以细白瓷产品为大宗，常见器形有折沿小盘、高低不同的各类竹节状

高足杯、带錾沿小盏、龙柄小杯、折沿大盘等。器物常见瓜棱腹做法。纹样多见于器物内底和下腹壁，较金代纹饰简单，印花效果由细凸线向浅浮雕转变，印花纹样立体、富有层次感，常见鱼纹、并蒂牡丹、莲花等，也有少量划花装饰。质量最高的素面细白瓷产品造型极为规整、修坯精细，支烧痕极小，器形可见折腹盘、曲腹碗和高足杯等。元代霍州窑的产品在元大都、元中都、哈剌和林古城及集宁路等地均有出土，表明霍州窑产品曾销往高端市场，很可能已经进入了宫廷消费。"五粒泥浆粘钉间隔支烧技术"为霍州窑的独特支烧技术，也是霍州窑的核心尖端技术。极小的支烧钉痕使粘钉理化特性、器物胎体重量、保障产品产量和燃料经济节约四者之间达到了巧妙的平衡，是中

国古代陶瓷器物内底接触式支烧方法中所留支烧痕迹最小的支烧方法，是北方地区北宋汝窑官式器物"芝麻钉支烧技术"传统的延续。元代还生产涩圈黑褐花装饰的粗白瓷产品。元代是霍州窑烧造历史中最为闪耀的时期，在北方地区白瓷窑场生产普遍衰落的形势下，霍州窑以工艺精湛、造型薄俏的细白瓷产品一骑绝尘，成为全国唯一生产精细白瓷的窑场，成就了中国古代北方地区细白瓷生产的最后高峰，成为元代手工业门类中陶瓷手工业的杰出代表。

霍州窑在明代生产规模扩大，除叠压在金元时期窑业之上以外，在空间分布上也有较大扩展。产品以化妆白瓷为主，常见碗、盘、高足杯、罐、瓷塑等。主流装饰技法为白地褐花和黑花，纹样多样，有简笔花卉、开光鸟类、人物、松树等，绘画手法多为细线描绘，艺术风格兼具工笔与写意，写实与意趣共存。胎体较粗，但在画工、工艺上可见窑工粗料细作的

巧思。支烧技术上继承"五粒泥浆粘钉间隔支烧"传统，但粘钉配方有所变化，粘钉变大，后期粘钉中还掺入石英砂，呈现出稳定的支烧技术传统和清晰的演变规律。

明代霍州窑产品除大量供应百姓日常生活需要之外，还发现写有"文庙祭盘"的白瓷盘、粗白瓷盖豆等性质明确的寺庙祭祀用器。值得特别指出的是，明代霍州窑还因其持久的细白瓷生产技术积累，一度为山西地区明代藩王府烧制细白瓷矾红彩五爪龙纹碗、盘、杯等高档用瓷。明代霍州窑多种等级产品的生产面貌深刻影响了明代社会生活的不同阶层。清代地层中出土了"堂内供钵顺治十三年十一月内做造"纪年残器，表明霍州窑一直延续至清代。

霍州窑明代窑业遗存的发掘在北方地区明代陶瓷考古中具有开创性意义，这是首次对北方地区明代窑址开展的一定规模的系统性考古发掘工作，对于北方地区明代陶瓷生产编年的建立具有

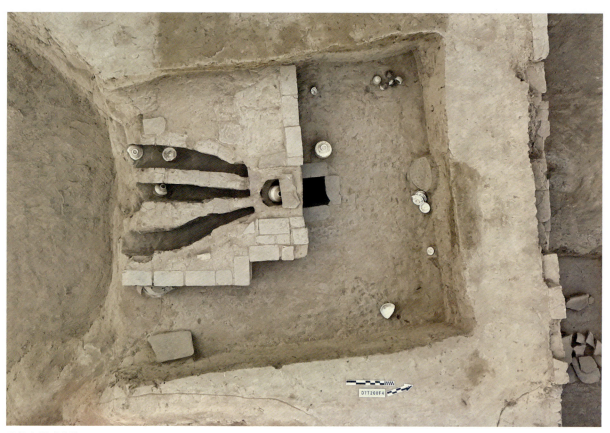

元代窑洞式作坊
Cave Dwelling Style Workshop of the Yuan Dynasty

发掘区局部（上为西）
Part of Excavation Area (Top is West)

重要的意义，基于此可深入推动南北方明代制瓷业生产对比研究等课题。在建筑考古的理念下，大规模揭露出一组由一座窑炉和三组砖券窑洞式作坊构成的相对完整的明代窑业建筑遗存，这是明代北方地区一种全新的窑业生产布局形态，是系统、完整展示明代瓷业生产格局的重要实物资料，也为开展陶瓷手工业遗产景观的演变规律、陶瓷手工业专门生产地的人地关系等新的研究课题提供了可能。

霍州陈村瓷窑址系统的考古工作，明确了窑址的保存状况、分布范围和窑业遗存分布规律。首次从考古学层面厘清了霍州窑宋、金、元、明和清时期产品的面貌和技术特点，建立起了霍州窑业历史分期标尺。霍州窑的考古新发现填补了北方地区白瓷瓷业，特别是精细白瓷发展的缺环，是串联北方地区陶瓷文化发展的重要环节。明代

窑洞式窑业生产格局更是丰富了北方地区陶瓷手工业生产经济形态。

霍州窑是在充分分析自身资源、技术优势，在保持区域瓷业传统基础上，找准市场定位，突出自身特色，精于生产经营策略的窑场，其产品面向官方高端市场和民间日用市场。霍州窑各时期多种定位的产品面貌和产品流向，必将推进陶瓷手工业参与社会物质文化、精神文化塑造、人地互动关系等方面的广泛研究。

霍州窑阶段性的演变轨迹是山西汾河流域宋元时期窑业发展史的一个缩影。霍州窑的考古新发现充分说明，处于北方陶瓷手工业主要生产区域——冀、豫、陕等之间的山西地区，凭借其连接东西、贯通南北的区位优势，在中国古代陶瓷发展史中具有不可或缺的重要地位。

（供稿：刘岩 穆文军 李彦昕）

内蒙古辽上京皇城大型南向建筑基址

LARGE SOUTH-FACING BUILDING FOUNDATION IN THE IMPERIAL CITY OF SHANGJING CAPITAL OF LIAO, INNER MONGOLIA

辽上京是辽代五京中营建最早、最为重要的都城，是中国北方少数民族在东北亚草原上建立的第一座都城，是辽代的政治、经济和文化中心。遗址位于内蒙古自治区巴林左旗林东镇东南，城址主要由皇城、汉城南北并列构成，总面积约5平方公里。为进一步认识辽上京遗址的布局和沿革、促进对辽上京遗址的有效保护、推进辽上京遗址申遗工作，2022年5～10月和2023年5～10月，中国社会科学院考古研究所内蒙古第二工作队和内蒙古文物考古研究院联合组成辽上京考古队，对遗址皇城西南部大型建筑基址进行了考古勘探与发掘。发掘遗迹主要包括两组大型院落，及其主殿、配殿等四座单体建筑和回廊、院墙等附属建筑，取得了重要收获。

根据中国古代城市、建筑的规划和营造特点，结合地表遗迹和考古勘探资料，充分考虑遗址可能的保存情况，对两组院落的两座主殿分别采取一半面积进行精细化发掘的揭露方式，对配殿、回廊、院墙等附属建筑以及主殿未全面揭露部分，采用探沟试掘方式初步了解和验证堆积情况，对遗迹的关键位置解剖到生土。在尽可能原址、原状保留遗迹的同时，用较少的发掘面积最大限度获取这两组大型院落从辽代始建开始的每次大规模建设的形制布局和营造做法。

院落一位于皇城西南部，是一座大规模南向院落。院落南北轴线大致由门殿（已毁）、

2022-2023年发掘地点

中殿和后殿构成，四面由回廊、院墙围合，中殿（JZ1）是目前勘探所见皇城内台基规模最大的建筑。地层堆积情况较为简单，地表下即为 JZ1 最晚一次的倒塌堆积。发掘确认 JZ1 共有三次大规模营建。第一次为辽代始建的 JZ1C，殿身面阔九间、进深四间。前出月台，三面踏道登临，后出慢道。通过关键位置解剖发掘，在夯土台基底部中央发现了重要的建筑始建营造遗迹。第二次为辽代改建的 JZ1B，本次是规模最大的一次营建，殿身面阔九间、进深五间。前出大月台，慢道情况不明，后出月台，两侧慢道登临。JZ1B 台基面阔约 60 米，是目前所知台基面阔最大的辽代单体建筑。第三次为金代改建的 JZ1A，殿身面阔七间、进深四间。前出大月台，两侧踏道登临，后出月台，两侧慢道登临。经考古试掘确认，院落一的东、西回廊同样有至少三次大规模营建。由此可知，

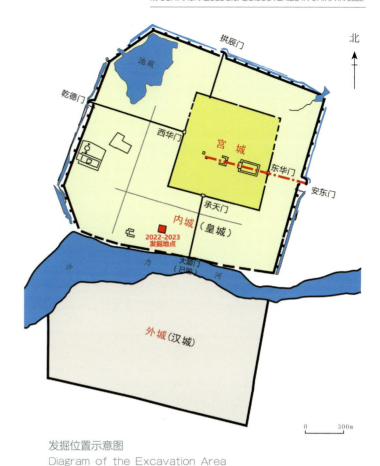

发掘位置示意图
Diagram of the Excavation Area

院落一中殿 JZ1 发掘后全景（东—西）
Full View of Middle Hall Foundation，JZ1 in Compound I after Excavation (E—W)

2022～2023 发掘区全景（南—北）
Full View of the Excavation Area in 2022–2023 (S–N)

院落一中殿 JZ1 发掘后全景（北—南）
Full View of Middle Hall Foundation JZ1 in Compound I after Excavation (N–S)

院落一中殿 JZ1 三次大规模营建的台基东北角（北—南）
Northeast Corner of the Platform of Middle Hall Foundation JZ1 in Compound I, Through Three Times Massive Constructions (N–S)

这座大型院落从辽代始建时就是规划为南向的高等级大型建置。在辽、金两代的使用过程中，虽然院落的主殿、配殿和回廊等附属建筑均在原址有所改建、重建，但院落的朝向、布局和规模始终没有改变。

院落二紧邻院落一，是一座大规模东向院落。其西院墙紧邻院落一东回廊南部，南院墙临近皇城南墙内侧的顺城街，东院墙靠近连通皇城南门与宫城南门的"正南街"，是正南街以西的第一组临街院落。院落东西轴线由门殿、中殿和后殿构成，四面由回廊、院墙围合。院落二地层堆积情况较为复杂，地表下为金代中晚期小房址，数层堆积下开口院落二的倒塌堆积。中殿（JZ9）坐

西朝东，面阔五间、进深四间，当心间面阔达6.4米。覆盆莲花柱础边长1米，磉墩开口边长2.4～2.6米。中殿两侧通过挟屋与回廊相接，后部通过甬路与后殿相接。后殿（JZ8）面阔五间、进深四间。素平柱础边长1.1～1.2米，磉墩最深处距开口达4.5米。北回廊后部配殿（JZ7）坐北朝南，面阔三间、进深三间。经发掘确认，院落二始建于辽代，与院落一在辽代的改建（JZ1B）同期；中殿挟屋、院墙等附属建筑在辽代中晚期曾有改建，整体院落格局一直沿用到金代废弃。

出土遗物主要包括瓦当、滴水、鸱兽、砖瓦残块、石螭首等建筑构件，陶瓷器残片、兽骨、铜钱、石碑片、泥塑像残块、银链及纸张等。院

院落一中殿 JZ1 的三次营建平面示意图（上为北）
Plane Diagram of the Three Times Constructions of Middle Hall Foundation JZ1 in Compound I (Top is North)

院落二发掘区全景（北—南）
Full View of the Excavation Area in Compound II (N–S)

落二出土银铤9件，部分有錾刻题记，其中1件粘附有保存完好的墨书纸张，是辽上京遗址出土遗物的重要发现。

本次发掘成果具有十分重要的学术意义。

第一，增进对辽上京城址平面布局和时代沿革的认识。考古工作确认辽上京皇城、宫城朝向为东向。以往发掘所见的辽代大型宫殿建筑均为东向，金代城废弃后才改建为体量缩减的南向建筑，反映出辽代都城到金代地方城的等级变化情况。本次发掘的院落一是首次在辽上京皇城内发现辽代始建的大型南向建置，且其营建时代早于正南街以西的东向院落，尤其值得关注。

第二，本次发掘是在城市考古、建筑考古发掘理念和方法上一次创新的成功实践。在遗址保护的前提下，采用精细化发掘和关键性解剖的方式，尽可能用较小的面积解决更多的学术问题。在单体建筑方面，确认了几座大型建筑基址在多次营建中保存下来的夯土台基、柱网磉墩结构和相应的地面关系。在建筑群组方面，确认了两组院落的平面布局及其营建、使用的时代关系。出土遗迹、遗物均具有明确的地层学依据，有助于进一步建立辽上京城址的年代序列，极大推进了辽代都城的考古学研究。

第三，本次发掘的皇城西南部大型建筑遗址，朝向特殊、体量庞大、位置显赫。结合文献记载，可能与《辽史》所载的皇家寺院、孔庙、国子监、衙署等重要辽代早期建筑相关，对研究辽上京城址的建筑性质与功能分区具有重要价值，为研究中华民族共同体和统一多民族国家的形成与发展提供了重要资料。

（供稿：董新林　汪盈）

院落二中殿 JZ9 原位覆盆柱础（西—东）
Column Base in the Shape of an Inverted Basin in Situ, in Middle Hall Foundation JZ9 in Compound Ⅱ (W—E)

院落一中殿 JZ1 出土瓦当
Eave Tile Unearthed from Middle Hall Foundation JZ1 in Compound Ⅰ

院落二中殿 JZ9 出土碑片
Stele Fragment Unearthed from Middle Hall Foundation JZ9 in Compound Ⅱ

院落二北回廊配殿 JZ7 银铤出土情况
Silver Ingot in Situ, in the Side Hall Foundation JZ7 of North Cloister in Compound Ⅱ

院落二中殿 JZ9 发掘后全景（西—东）
Full View of Middle Hall Foundation JZ9 in Compound II after Excavation (W–E)

院落二后殿 JZ8 台基西南角、院墙和院落一西回廊后墙（北—南）
Southwest Corner of the Platform of Back Hall Foundation JZ8 in Compound II, the Enclosing Wall, and the Back wall of West Cloister in Compound I (N–S)

The site of Shangjing (Upper Capital) of the Liao Dynasty is located in the southeast of Lindong Town in Bairin Left Banner, Inner Mongolia Autonomous Region; the imperial city and the Han city juxtaposed to the north and south, the total area is about five sq km. From May to October 2022 and May to October 2023, the Second Inner Mongolia Archaeological Team of the Institute of Archaeology, Chinese Academy of Social Sciences, and others surveyed and excavated a large building foundation southwest of the imperial city. They uncovered the remains of two large compounds with four standalone buildings, such as the main hall and side hall, and annexes, such as cloisters and enclosing walls. The excavation, for the first time, confirmed a large superior south-facing edifice constructed in the imperial city of Shangjing during the Liao Dynasty and preliminarily understood its compound design, architectural structure, construction methods and history. It also places great value on studying the architectural features and functional division of Shangjing City and provides critical materials for exploring the formation and development of the community of the Chinese nation and the unified multi-ethnic country.

浙江黄岩
沙埠窑遗址

SHABU KILN SITE IN HUANGYAN, ZHEJIANG

沙埠窑遗址位于浙江省台州市黄岩区沙埠镇和高桥街道之间。遗址发现于 1956 年，1963 年被公布为浙江省文物保护单位，2019 年被公布为第八批全国重点文物保护单位，2020 年入选浙江省第三批考古遗址公园。遗址包含 7 处窑址点，分别为竹家岭、凤凰山、下山头、窑坦、金家岙堂、下余和瓦瓷窑址，总面积达 7 万平方米。沙埠窑周边窑业资源优越，拥有适合建设龙窑的丘陵山地，瓷土和燃料资源丰富，紧邻沙埠溪，水源充足。沙埠溪通西江、永宁江，可通过灵江入海，交通条件十分优越。此外，沙埠窑遗址区域内有窑神庙及与窑业生产相关的"九龙透天"的传说。

沙埠窑遗址分布图
Distribution Map of the Shabu Kiln Complex

竹家岭窑址 F4（作坊区）
House Foundation F4 in Zhujialing Kiln Site (Workshop Area)

为全面探索沙埠窑遗址的窑业内涵，并为考古遗址公园建设提供学术支撑，2019～2023 年，浙江省文物考古研究所与台州市黄岩区博物馆、北京大学、故宫博物院等单位联合对窑址群内的竹家岭和凤凰山窑址进行了连续 5 年的主动性考古发掘，发掘面积共计 3000 平方米。

通过对竹家岭窑址的系统考古发掘，完整构建了沙埠窑备料、成型、烧成和废弃的窑业生产操作链，并构建起北宋中期末段至南宋早期的年代序列。

备料、成型区位于整个窑场南部的平坦区域，目前发现房址 9 座（F1～F4、F6、F7、F9～F11）、坑状遗迹 17 处（K1～K17）、釉料缸 1 处（YG1）、石碾 1 处（N1）、道路 2 条（L1、L2）、水沟 2 条（G1、G2）、挡墙 6 处（DQ2～DQ7）、窑场围墙 1 处（Q1）等。

9 座房址布局较为规则，据其修建方式，可以分为两类。第一类 7 座，包括 F1～F4、F6、F7、F9，墙体以匣钵砌筑，间以柱础石，部分地面以匣钵铺砌。在上述房址范围内，分布有多个坑状遗迹。第二类 2 座，包括 F10、F11，仅余地

面，整体呈正方形，建筑考究，外以大石块包边，内以小条石和卵石铺砌。

17 处坑状遗迹，据功能区分，大致可以分为七组。第一组 1 处，K2，为瓷土碾磨区。第二组 2 处，包括 K1、K9，为瓷土淘洗池。第三组 4 处，包括 K3、K14、K16、K17，为瓷土存放坑。第四组 5 处，包括 K4～K6、K11、K12，为辘轳坑。第五组 1 处，K10，为釉灰坑。第六组 1 处，K8，位于窑场围墙以东，仅作局部清理，为小型埠头起点。第七组 3 处，包括 K7、K13、K15，性质暂不明确。

窑场围墙（Q1）为本次发掘的重要发现，规模庞大，整体呈长方形。目前已揭露出东墙和南墙，墙体整体以大石块包边，墙体内填充匣钵碎片。东墙残长 30.9、南墙残长 14.6、宽 0.75～1.1、残高 0～0.65 米。目前揭露出的窑业遗迹均位于窑场围墙之内。

烧成区位于整个窑场北部的低山区域，共发现龙窑窑炉 2 座，分别编号为 Y1 和 Y2。

Y1 保存状况较好，由窑前操作间、火膛、窑室、窑门、排烟室及两侧柱础石、护墙等组成，

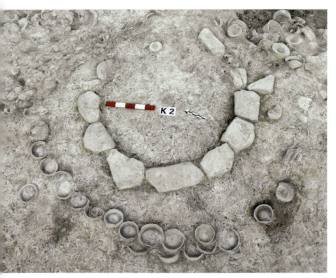

竹家岭窑址 K2（研磨区）
Pit K2 in Zhujialing Kiln Site (Grinding Area)

竹家岭窑址 K1（淘洗池）
Pit K1 in Zhujialing Kiln Site (Washing Pool)

竹家岭窑址 K14（瓷土存放坑）
Pit K14 in Zhujialing Kiln Site (For Porcelain Clay Storage)

窑门开于东壁。Y1 斜长 72.32 米，坡度前后段不等，前段约 11°，中部为 11~14°，后段约 13°。近火膛处宽 1.16 米，后部逐渐加宽，中段最宽约 2.22 米，此后又收窄，后段仅为 1.28 米。残高 0.82 米。从砌造材料来看，火膛部位为砖砌，其他部位以砖与匣钵交错叠砌，填以黏土。据窑底残留器物来看，该窑炉烧造年代下限为南宋早期。

Y2 位于 Y1 西侧，与 Y1 平行。整体结构与 Y1 相似，斜长 53 米。两侧开窑门。其上叠压厚约 2 米的窑业废品堆积。结合整个窑场废品堆积的年代范围及窑底残留器物等来看，Y2 的烧造年代应为北宋中期末段至晚期后段，Y1 的烧造年代上限为北宋末期。

废弃区即窑业废品堆积区，位于烧成区的东侧和西侧，即整个窑场的东北部和西北部。结合废品堆积区的考古发掘，竹家岭窑址窑业生产历史可分为五期。

第一期为北宋中期末段，青瓷产品器类有碗、盘、执壶、折沿盆、罐、盒等。碗、盘等普遍流行内腹单面刻划花，纹样类型丰富，刻划精致，以婴戏纹、凤纹和鹦鹉纹等最为精彩。装烧工艺为匣钵装烧、一匣一器、垫圈垫烧。第二期为北宋中期末段至北宋晚期前段，青瓷产品器类有碗、盘、执壶、夹层碗、罐、盏等。绝大部分产品延续第一期风格，但装饰技法开始出现双面刻划花，其中外腹刻划折扇纹，布局规则舒朗，内腹刻划花，填以篦纹。装烧工艺与第一期相同。第三期为北宋晚期后段，青瓷产品器类有碗、盘、夹层碗、熏炉、多管形器等。装饰技法普遍流行双面刻划花，特征与第二期相同。装烧工艺亦延续第二期。第四期为北宋末期至南宋初，青瓷产品器类单一，主要为碗和盘。装饰技法仍流行双面刻划花，但折扇纹已发生变化，转变为四至六道为一组，等距分布。装烧工艺延续第三期。第五期为南宋早期，青瓷产品器类单一，主要为碗。流行内腹单面刻划花，主要为菊瓣纹。装烧工艺延续第四期。

考古发掘资料显示，在青瓷之外，沙埠窑还烧造少量酱釉和釉下褐彩瓷器。其中，酱釉瓷器类丰富，以碗为主，另有盒、罐、炉、瓶、执壶等，胎体轻薄，制作精致；烧造年代从第一期延续至第五期。褐彩瓷器类单一，仅有执壶，器物流行于第一、二、五期。

竹家岭窑址 K4（辘轳坑）

Pit K4 in Zhujialing Kiln Site (For Potter's Wheel)

竹家岭窑址 K6（辘轳坑）

Pit K6 in Zhujialing Kiln Site (For Potter's Wheel)

竹家岭窑址 K8（埠头）

Pit K8 in Zhujialing Kiln Site (Wharf)

竹家岭窑址 Q1（南墙局部）

Wall Q1 in Zhujialing Kiln Site (Portion of South Wall)

竹家岭窑址 Q1（东墙局部）

Wall Q1 in Zhujialing Kiln Site (Portion of East Wall)

通过对凤凰山窑址的考古发掘，揭示出沙埠窑不同类型的窑炉布局形态和窑场动态生产过程，并补齐了北宋中期早段和晚段的年代序列。

烧成区位于整个窑场西南部。揭露出两座有叠压关系的龙窑窑炉（编号为 Y1、Y2）。Y1 斜长 35.9 米，Y2 斜长 50.4 米。两座窑炉整体结构相同，均由窑前操作间、火膛、窑室、窑门、排烟室及两侧的柱础石等组成。窑门均开于北壁。结合窑炉周边挡墙格局的变化，揭示出窑场动态生产过程，其窑业生产划分为 4 个阶段（范围），并可与废品堆积进行对应。第一阶段为北宋中期早段，第二阶段为北宋中期晚段，第三、四阶段为北宋中期末段至北宋晚期。窑场呈现出不断缩小的态势，其中第三阶段烧成区界墙（北墙、东墙）保存较为完整，并于东北部发现一"八"字形缺口，应为窑场出入口。

废品堆积区位于整个窑场西北部和东部。对废品堆积区局部进行清理，揭露出厚达 10.6 米的窑业废品堆积，出土大量窑具和瓷片标本，并细化了沙埠窑北宋中期的分期，将其细分为早段和中段。

通过近 5 年的系统性考古调查与发掘，目前已基本构建了沙埠窑北宋中期至南宋早期的年代序列。窑址整体划分为七期，形成备料、成型、烧成、废弃的完整窑业生产操作链和生产、流通、消费的全产业链。结合北宋中晚期南北瓷业格局、产品国内外流布等情况，沙埠窑的重要价值主要体现在以下几个方面。

第一，沙埠窑填补了南方青瓷业发展缺环，是浙江青瓷空间转换、产业转移、技术传播和陶瓷文化发展的重要环节。

第二，沙埠窑出土的部分瓷器品质高超，质量达到当时青瓷生产的最高水平和贡御标准，出土窑业遗迹修建规整。尤其是规模庞大的窑场围墙的发现，突破了以往的认识，为探讨贡窑制度与贡窑、民窑关系提供了重要材料。

第三，沙埠窑瓷业面貌明显呈现出与以耀州窑、定窑为代表的北方瓷业的互动交流，与北方瓷业共同引领了北宋中晚期瓷业文化新风尚，更加充分地揭示了北宋瓷业的文化内涵。

第四，沙埠窑的发现对于探讨北宋时期陶瓷内外销议题、重新审视海上丝绸之路沿线瓷器的年代和产地、构建文明交流互鉴网络具有重要推动意义。

第五，沙埠窑工作数年来，早期注重探索窑业遗存的分期精细化，近期则注重以聚落考古视野探讨窑业内部空间布局、陶瓷产业与聚落发展关系，以时间、空间精细化的目标，展开陶瓷考古研究，体现了当前研究的前沿理念。

（供稿：谢西营　丁雨　汤妮　林杰）

竹家岭窑址 Y1
Kiln Y1 in Zhujialing Kiln Site

竹家岭窑址 Y2
Kiln Y2 in Zhujialing Kiln Site

竹家岭窑址 TN03E02 东壁剖面
Eastern Profile of the Excavation Square TN03E02
in Zhujialing Kiln Site

竹家岭窑址 TN03E03 西壁剖面
Western Profile of the Excavation Square TN03E03
in Zhujialing Kiln Site

凤凰山窑址 Y1、Y2
Kilns Y1 and Y2 in Fenghuangshan Kiln Site

凤凰山窑址 TN02E01 东壁剖面
Eastern Profile of the Excavation Square TN02E01 in Fenghuangshan Kiln Site

潘美墓墓室和甬道部分正射影像（上为西）
Orthophotograph of Tomb Chamber and Portion of the Corridor of Pan Mei Tomb (Top is West)

潘美墓盗洞内石经幢残件
出土情况
Fragments of Stone
Dhvaja Pillar in Situ in
a Looting Pit of Pan
Mei Tomb

潘美墓墓室内壁砖雕
Carved Brick Wall in Pan Mei's Tomb
Chamber

为青石质，除榫锁柱外，均表面磨光。两扇门扉向后倒于甬道北部，门扉宽 0.8、高 1.7、厚 0.12 米。两门扉中部偏内侧皆凿有一小圆孔，可能用以安装门环。墓门的门挟、直额、越额、门扉上均有线刻画像，因被砖封门遮挡，目前仅门扉上的线刻画像完整暴露。两扇门扉上各线刻一武士像。西侧门扉上武士头戴兜鍪，身着铠甲，腰扎宽带，身负披膊，胸前有两面护心镜，右手执剑直挺于右胸前，左手以食指指剑柄。东侧门扉上武士形象与西侧门扉相似，唯右手执剑斜置于胸前，左手扶剑刃试锋。墓室土圹平面呈圆形，从墓口向下整体开挖，深约 9 米，周壁规整。在土圹内券筑圆形墓室，直径 6.5、高 6.8 米，单室穹隆顶，周壁及顶部用条形砖砌

潘美墓墓室底部正射影像（上为北）
Orthophotograph of the Bottom of Pan Mei Tomb (Top is North)

潘美墓志出土情况
Epitaph of Pan Mei in Situ

潘美墓志正面拓片
Rubbing of the Front of Pan Mei's Epitaph

潘承勋墓盗洞内出土石望柱及石经幢残件
Stone Pillars and Fragments of Stone Dhvaja Pillar
from the Looting Pit of Pan Chengxun Tomb

筑，墓底铺方砖。墓室内周壁砌抹角倚柱 10 根，将墓室分隔成 11 个壁面。柱间连以阑额，柱头有仿木建筑的四铺作单昂斗拱，斗拱之上砌椽及望板，望板以上砌砖逐层内收至顶部。壁面有砖雕桌、椅、衣架、灯檠、假门、直棂窗、柜等。墓室内壁阑额和斗拱上均施彩绘。

潘美墓共发现盗洞 2 个。盗洞 1 位于墓道北端、甬道上部，平面呈不规则形，长约 7.7、宽约 3.3 米，破坏甬道顶部和墓门后进入墓室。盗洞 2 位于墓室顶部南侧。盗洞 1 近底部出土有数量较多的石经幢残件，包括八角座、莲花座、幢身、宝盖、屋盖、宝珠等。幢身断为数截，刻《佛顶尊胜陀罗尼经》，并有"大宋淳化二年岁次辛卯二十日建"的纪年题记，与墓志所记潘美卒年一致，故这件经幢原应立于墓前地表，在盗墓过程中被毁弃于盗洞内。墓室内盗扰严重，在墓室北部和东西两壁处可见散落的棺痕、棺钉和人骨。人骨全部发黑，其中头骨、脊椎骨保存较好。经鉴定，骨骼均属男性个体，呈现老年特征，应为潘美本人遗骨。在人骨附近采集到少量水银，对墓底土样的分析结果也显示严重的汞超标，结合北宋时期文献中用水银进行尸体防腐的记载，推测墓主尸体曾浸泡在水银内。潘美墓出土器物较少，有墓志 2 方、石函 2 件以及少量瓷瓶、瓷碗等。两方墓志均出土于墓室东南。潘美墓志为碑形墓志，通高约 2.1 米，背面朝上倒于墓室内。碑身为圆首，下部有榫头插于底座内，榫头已断裂。碑身宽 0.74、高 1.7、厚 0.2 米。底座近长方体，下端略宽，宽 0.8～0.87、高 0.38、厚 0.35 米。底座四周均有线刻图像，正面刻两迦陵频伽，双手托盘，背面刻两瑞兽，侧面为花卉纹。墓志正反两面均刻字，共计 3600 余字。墓志由张昭允篆额，毕士安撰文。正面碑额刻有"大宋故赠中书令荥阳潘公墓志"。薄氏墓志为盒形，边长 0.65 米。薄氏墓志出土时侧倚于墓室砖壁之上，墓志盖则出土于墓室南端与甬道连接处，压在石门扉下。盝顶志盖，上刻"宋故雁门郡夫人志铭"，四刹刻有四神图案。志石四周刻有生肖动物图案，人身兽首，跪坐持笏。根据志文记载，薄氏于雍熙三年（986 年）卒于开封，四年（987 年）葬于洛阳。

除潘美墓外，另发现有潘惟正、潘承勋、潘承昭、潘承衍等潘氏家族成员墓葬，多遭到不同程度盗扰，出土有墓志、石函、铁炉、瓷瓶、瓷盏、陶罐、铜镜、铁镜、银镯等。其中，潘承勋墓甬道上方盗洞内出土经幢、望柱、底座等墓园石刻残件。望柱柱身为八棱形，每个棱面均线刻交枝花卉，且各面花纹连续不断，浑然一体，柱身上部雕作束腰莲座，座上宝珠为桃形。

潘美字仲询，北宋开国名将，封韩国公，卒于淳化二年（991 年），年六十七，赠中书令，宋真宗时追封为郑王，配飨太庙。潘美墓志详细记录了潘美讨南汉、南唐，俘刘鋹、李煜，以及征太原、镇雁门和雍熙北伐等事迹，为研究北宋前期历史提供了重要的文字资料。目前已发掘的北宋前期高等级墓葬较少，等级较高的有元德李后陵和周王赵玄祐墓。潘美墓的发掘对于北宋前期高等级墓葬制度的研究具有标尺性意义。此次还发现了多座潘氏家族成员墓葬及一批小型宋墓，出土了数量较多的经幢、望柱等墓园石刻，也为研究北宋前期的墓园制度和宗教信仰等提供了实物资料。

（供稿：李永强　王成秋　蔡梦珂）

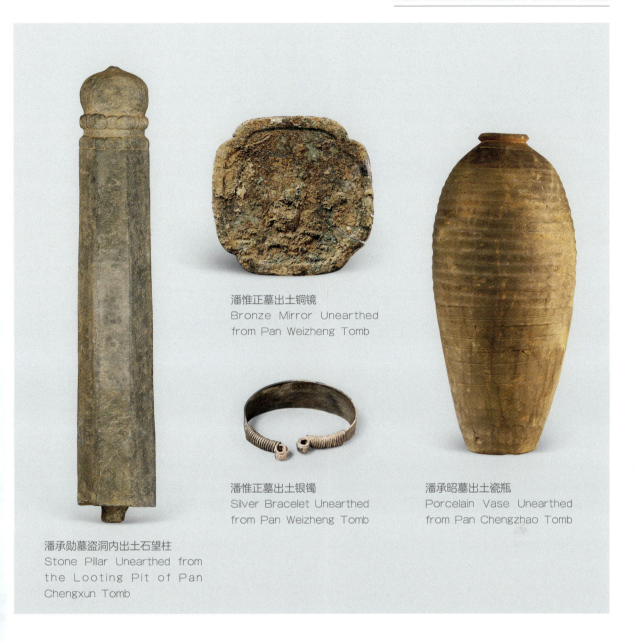

潘惟正墓出土铜镜
Bronze Mirror Unearthed
from Pan Weizheng Tomb

潘惟正墓出土银镯
Silver Bracelet Unearthed
from Pan Weizheng Tomb

潘承昭墓出土瓷瓶
Porcelain Vase Unearthed
from Pan Chengzhao Tomb

潘承勋墓盗洞内出土石望柱
Stone Pillar Unearthed from
the Looting Pit of Pan
Chengxun Tomb

From September 2022 to December 2023, to cooperate with capital construction, the Luoyang Municipal Institute of Archaeology excavated 30 ancient tombs near Yingzhuang Village in the old town of Luoyang City, among which 21 Song tombs were concentratedly arranged. According to the unearthed epitaphs, the tomb occupants are Pan Mei, the founding general of the Northern Song Dynasty, and his family members, including Pan Weizheng, Pan Chengxun, Pan Chengzhao, and Pan Chengyan. Pan Mei's tomb faces south, with a circular brick-built chamber and a long ramp passage, a total length of about 32 m. Although being disturbed twice, archaeologists still found fragments of stone dhvaja pillars, including such as lotus-shaped bases, pillar shafts, and umbrellas, as well as two epitaphs and two stone caskets. The discovery of Pan Mei's family cemetery presents considerable written materials for studying the history of the early Northern Song Dynasty; it also places significance on the research of this period's high-ranking burial system, graveyard system, and religious beliefs.

福建漳州

圣杯屿沉船遗址

SHENGBEIYU SHIPWRECK IN ZHANGZHOU, FUJIAN

圣杯屿元代沉船遗址位于福建省漳州市古雷港经济开发区古雷半岛东侧的圣杯屿海域，东临菜屿航道，北距漳州市约 82 公里，南距广东汕头南澳岛约 65 公里。该海域是古代南北海上交通的重要航道。由于该海域岛礁众多，特别是海底地形复杂、暗礁丛生、海流紊乱，至今仍是一处海难多发区。

2014～2021 年，文物部门先后对该遗址进行了三次水下考古调查。2022～2023 年，国家文物局考古研究中心、福建省考古研究院、漳州市文物保护中心联合组队对该沉船遗址进行了两个年度的水下考古发掘，出水贸易瓷器、船上生活及航海相关文物达 1.7 万余件，并对沉船船体进行了详细记录。

沉船遗址位于一条东北—西南向海底冲沟的东南边缘，东北距圣杯屿约 0.2 公里，西距古雷半岛杏仔村沙滩约 0.5 公里，水深 27～31 米。

经水下考古发掘，该沉船遗址堆积共分 4 层。第①层为扰乱层，浅灰色，含沙、贝壳、蚌屑和碎石块，呈松散状，碎石块多棱角分明，地层中有大量受人为因素或自然因素扰动的瓷片或完整瓷器，其中密集区分布范围约 300 平方米。由于该遗址破坏严重，东部海床表面已经暴露沉船的船板和隔舱板。第②层为沉积层，深灰色或紫灰色，含细泥和少量生物碎屑及沙，覆盖在成摞码放的瓷器之上，部分填充至成摞码放的瓷器之间以及瓷器与船体之间。第③层为沉船遗址原生堆积层，含成摞码放的瓷器以及叠压的船板，该层应未被扰动。第④层为海底原生堆积层，深灰色，含细泥，生物碎屑及沙的含量略高于第②层，该层应为沉船沉没时的原生堆积层。

发掘情况表明，该沉船船艏为西北向，约310°，木船，单层板结构，仅存船底部分，残长约 16.95、现最宽处约 4.5 米，残存隔舱板 9 道和船舱 10 个，其中船体中部的桅座已经暴露在海床表面。此外，还发现龙骨板、龙骨补强材以及舭龙骨等船体构件。

本次水下考古发掘以船舱为单位进行，掌握了船货的包装和码放方式。首先，不同船舱装载船货的种类存在不同，如龙泉大盘仅发现于北部舱室。其次，瓷器按大小、类型成摞包扎，按纵向、横向和垂直多种方式码放，但不同船舱瓷器码放方式略有不同，"大小相套、少无隙地"，整体上反映了充分利用船舱空间的理念。再次，成摞包扎的瓷器数量多少不一，但是统一采用了一种不同于《陶冶图说》记载的包装方式，即瓷器外侧纵向用三道竹片呈"品"字形夹住，横向用多道竹篾将竹片箍紧，靠瓷器处皆用竹芯一侧，瓷器之间垫防止磨损的植物。经种属分析,该类植物为芒萁。

2022～2023 年共发掘出水文物 17230 件,以龙泉青瓷为主,超过 17000 件,器类包括碗、盘、碟、盏、洗、钵、香炉、高足杯等。出水瓷器胎质整体较为粗糙,系轮坯成形,器胎内外壁多见轮旋痕。器剖面所见胎体淘洗不甚精细,偶见颗粒状杂质,胎色总体泛灰或灰白,生烧或温度不佳者胎色常泛灰黄或灰红。器施青釉,釉色依烧成温度变化,泛青灰或青黄者居多,内多施满釉,外施釉多至足部,外底多露胎。装饰技法以模印为主,次为刻划,少见贴塑,常见单面刻划、双面刻划加内底模印、单内底模印等几种装饰方式,总体反映了一种追求生产规模和产量的现象。从胎釉、装饰等特征来看,圣杯屿沉船所出水的瓷器与龙泉东区窑址出土器物较为相似。该遗址出土的龙泉青瓷,器类单一,同类器物批量出现,且没有使用痕迹,因此推测其性质应为贸易瓷器。此外,该遗址还发掘出水陶罐、陶灯、测深锤、八思巴文印章、铜钱、玛瑙珠等,应与船上生活和航海相关。

通过对比已知沉船、遗址、窑址及纪年墓葬

水下考古发掘现场
Underwater Excavation Site

S1 号船舱
Cabin of Shipwreck S1

船舱内瓷器摆放情况
Porcelain in Cabin in Situ

163

船舱内瓷器摆放情况
Porcelain in Cabin in Situ

瓷器包装方式
Porcelain Packaging

资料，并结合船体木材的 ¹⁴C 测年数据等初步推断，圣杯屿沉船沉没时间为元代晚期，该沉船为专门从事龙泉青瓷贸易的远洋木帆船。元承宋制，元朝统治者积极推动海外贸易的发展，特别是至治二年（1322 年）最后一次官本船贸易结束，元政府彻底放开私人海外贸易，"听海商贸易，归征其税"，从而促成了海外贸易达到顶峰。元代汪大渊所著《岛夷志略》记载，元代与我国进行瓷器交换的有 40 余个国家和地区，而其中的瓷器品种就包括"处州瓷器""青白、处州瓷器""青瓷""处器"等龙泉青瓷。宋元以来，龙泉瓷器成为一种全球化的商品，在世界各国受到普遍欢迎，并对很多国家产生了重要影响。

漳州圣杯屿元代沉船遗址的水下考古发掘是近年我国海上丝绸之路考古的重要成果。该沉船是目前我国出水龙泉瓷器最多的一艘沉船，再现了元代晚期龙泉瓷器外销的兴盛景象，实证了福建及漳州海域是古代海上丝绸之路的重要航段和

节点。大量龙泉瓷器既有中国元素，也有异域风格，是元代晚期海上丝绸之路繁荣及文明交流互鉴的重要见证。

该沉船以及发现的船上生活和航海相关文物，为深入研究元代航海史、造船史和船上社会生活提供了新材料。其中陶灯、测深锤为目前我国海船中所见同类器年代最早者。舭龙骨是目前国内仅存的考古实物，该技术对于改善船只航海性能、保证航海安全至关重要，比西方早 400 余年。由于该技术具备简单、经济的优点，至今仍然是应用最广泛的减摇装置之一。

圣杯屿元代沉船遗址考古工作实施过程中，还积极开展多学科合作，并通过科技创新、设备改良实现了低能见度下水下考古精细化发掘，提升了我国传统水下考古发掘技术水平，对建设中国风格、中国特色、中国气派的水下考古学具有推动意义。

（供稿：梁国庆　陈浩　阮永好　张颖馨）

成摞青瓷碟
Stacks of Celadon Saucers

青瓷碗
Celadon Bowl

青瓷钵
Celadon *Bo*-bowl

青瓷高足杯
Celadon Stem Cup

出水瓷器
Discovered Celadon

青瓷钵
Celadon *Bo*-bowl

青瓷碟
Celadon Saucer

青瓷碟
Celadon Saucer

青瓷小盘
Small Celadon Dish

The Shengbeiyu Shipwreck of the Yuan Dynasty was discovered in the Shengbeiyu sea area on the east side of Gulei Peninsula in Gulei Port Economic Development Zone, Zhangzhou City, Fujian Province. From 2022 to 2023, the Archaeological Research Center of the National Cultural Heritage Administration and others conducted an underwater excavation, found over 17,000 pieces of trade porcelain and items for living and navigation at sea, and made detailed documentation of the shipwreck.

The Longquan celadon made the majority of discovered porcelain, including bowls, dishes, saucers, tea cups, *xi*-washers, *bo*-bowls, incense burners, and stem cups. It was an ocean-going wooden sailing ship for the Longquan celadon trade and sank in the late Yuan Dynasty. This underwater project reenacted the prosperous export of Longquan porcelain during the late Yuan Dynasty and verified that the Fujian and Zhangzhou sea areas were important segment nodes of the ancient Maritime Silk Road.

重庆武隆

小农场明代冶铁遗址

XIAONONGCHANG IRON SMELTING SITE OF MING DYNASTY IN WULONG, CHONGQING

小农场冶铁遗址位于重庆市武隆区芙蓉街道石龙村，地处老盘河与乌江交汇的二级台地上，是近年来西南地区发掘的一处面积最大、保存最好、具有重要价值的明代冶铁遗址。2023年7~11月，为配合基本建设，重庆市文物考古研究院联合四川大学对小农场冶铁遗址进行了考古发掘，发掘面积1000平方米，清理了包括炼炉、矿石加工焙烧区、炼渣堆积区等在内的重要遗迹，并出土了大量炼渣、矿石、石质鼓风构件、炉壁等冶炼遗物。

炼炉，共发现6座，坐东朝西，利用山前缓坡修建而成，其炉体、金门、鼓风口等结构清晰、保存较好。根据炼炉形制大小，可分为两类：大型炼炉，5座，分别为L1、L2、L4~L6；小型炼炉，1座，为L3。系列样品的 ^{14}C 测年数据显示：L3年代最早，为明代早期；L1、L2、L4、L5为明代中期；L6年代较晚，为明代晚期。

L2位于L1与L3之间，方向262°。炉体平面呈椭圆形，外部长2.7、宽2、残高1.77米，内部边长0.7、高1.35米，炉壁厚约0.2米，炉底可见锈黄色炼渣。鼓风口2个，长0.45、宽0.25米，内有倒扣的带有凹槽的半圆形石质鼓风构件，凹槽直径约0.1米。金门位于炉体西侧，与炉底相通，高约0.4米。金门向西延伸发现有当时的活动面，略向外倾斜，土色呈黑灰色，较为致密。

L3位于L4西北部，方向249°。炉体平面近圆形，外部长2.16、宽1.9、残高1.4米，内部边长0.6、高1.15米，炉壁厚约0.1米，炉底凹凸不平，可见板结炼渣。鼓风口2个，呈圆形，直径约0.1米。金门位于炉底西侧，呈倒U形，底部最宽处0.7、高0.3米。金门西侧为活动面，向外延伸范围约3平方米。

矿石加工焙烧区，位于发掘区东部，呈片状分布，东高西低。该区域表面可见大量木炭灰烬，烧结明显，夹杂有大量紫红色粉末。经便携式光谱分析仪检测可知，该区域紫红色粉末中铁含量为10%~37%，占比较高，推测为赤铁矿粉末，应代表了冶铁生产流程中的矿石处理环节，即在冶炼前先对开采出来的铁矿石进行筛选或粉碎，以便得到颗粒均匀的冶炼原料。垫土堆积大致可分5层，分层明显，总厚约0.8米，其年代与炼炉使用年代基本一致，贯穿于明代早、中、晚不同时期的生铁冶炼活动。

炼渣堆积区，位于发掘区西部，揭露部分长25.65、宽21.9米，堆积东薄西厚，最深处可达1.5米。从解剖情况看，炼渣堆积局部可划分为17层，其堆积多为炼渣与垫土层层叠压交织且不断垫平，这应与炼炉长期频繁的冶炼活动有关。

小农场冶铁遗址出土遗物众多，主要是与冶铁相关的炼渣、炉壁残块、铁矿石、石质鼓风构件等冶炼遗物，同时还出土了较多的建筑构件和生活用瓷。建筑构件主要为板瓦、筒瓦、瓦当、

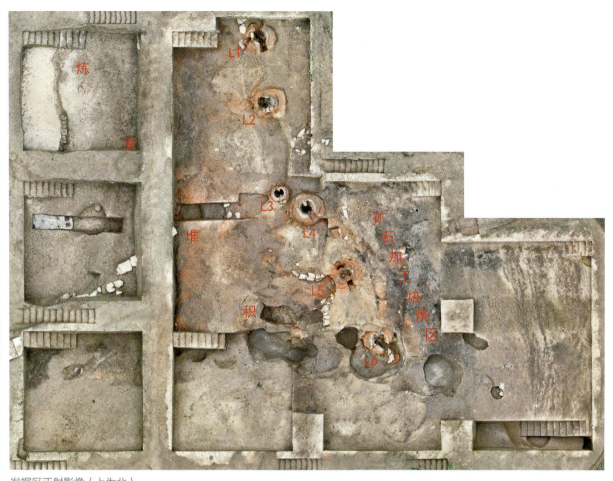

发掘区正射影像（上为北）
Orthophotograph of the Excavation Area (Top is North)

滴水等。生活用瓷主要为南宋、明清时期常见的黑釉、白釉、青花瓷片，还有少量仿钧瓷、青白釉瓷片等，器形主要有碗、盏、盘、罐、器盖等。

通过对小农场冶铁遗址周边4公里范围内进行的系统调查勘探可知，该区域铁矿资源丰富，目前共发现矿洞19个、露天采矿点4个，最近的距遗址炼炉仅250米。在遗址以北约90米处，发现建筑基址1座，周围废弃堆积中可见大量建筑构件，并出土有少量宋明时期黑釉、白釉和青花瓷片，与小农场冶铁遗址出土的瓷器基本一致。在遗址东侧约400米处，发现明清时期码头1处，通过对码头通往高处台地道路的解剖，发现了明清时期的台阶道路和包边墙体，在高处台地上也发现了较多的明清瓷器。

小农场冶铁遗址是近年来我国手工业考古的重要发现，明代炼铁炉、矿石加工焙烧区、炼渣堆积区以及周边矿洞、露天采矿点、建筑基址、

码头的发现，对于深入探讨小农场冶铁遗址生铁冶炼工艺、产业具有重要价值。

首先，此次清理的明代冶铁遗存，是目前重庆地区年代最早，也是西南地区同时期规模最大、保存最好、延续时间最长的冶铁遗存。小农场遗址是一处集采矿、选矿、冶炼于一体的从明代早期延续至明代晚期的生铁冶炼遗址。本次清理的6座炼炉，保存良好，炉体最高可达1.8米，炼炉西部还有面积超过500平方米且部分深度超过1.5米的炼渣堆积，均反映出此处冶炼活动长、规模大的特点。

其次，此次发掘基本厘清了小农场冶铁遗址生铁冶炼的工艺流程，为研究乌江下游乃至重庆地区生铁冶炼技术提供了重要的实物资料。从发掘情况看，小农场冶铁遗址明显可分为生铁冶炼区、炼渣堆积区和矿石加工焙烧区，各区域之间紧密相连，共同构成该遗址生铁冶炼活动。遗址内矿石、木炭、

L5 全景
Full View of Furnace L5

L2 全景
Full View of Furnace L2

L3 全景
Full View of Furnace L3

炼渣、炉壁、铁块和石灰等大量冶炼遗物的出土，为揭示小农场冶铁遗址冶炼活动的相关技术细节以及深入讨论该地区冶铁技术面貌乃至区域技术特征奠定了基础。此外，遗址内 6 座高炼炉清晰地反映了冶炼过程中的鼓风与排渣设计，特别是在鼓风口原位出土的石构件，是我国首次发现的在冶炼过程中对鼓风管进行保护的直接证据。

再次，遗址周边矿源、居址、码头的发现，对系统探明小农场冶铁遗址冶炼生产工序、完善"采矿—冶炼—加工—运销"产业链具有重要意义。小农场遗址生铁冶炼的兴起和发展，与该区域丰富的矿产资源、便捷的水运交通密不可分。小农场冶铁遗址地处乌江和老盘河交汇处，不仅为生铁冶炼提供了充足的水资源，同时为产品的输出提供了便利的交通条件。遗址东部的明清时期码头至今仍在使用，是彭水与涪陵来往的重要枢纽，可通过乌江持续向周边地区提供制作铁器和钢材的原料。小农场冶铁遗址周边铁矿资源丰富，在方圆 4 公里的范围内发现的众多矿洞、露天采矿点，为长期冶炼活动提供了丰富的原料。此外，在遗址北部发现的生活居址，可为窑工提供稳定的生活、休憩场所，也是长期生铁冶炼的必要条件。

（供稿：王洪领　李玉牛　蒋航昌　李大地）

矿洞
Mine Cave

废弃堆积
Waste Accumulation

露天采矿点
Open-pit Mining Location

码头
Pier

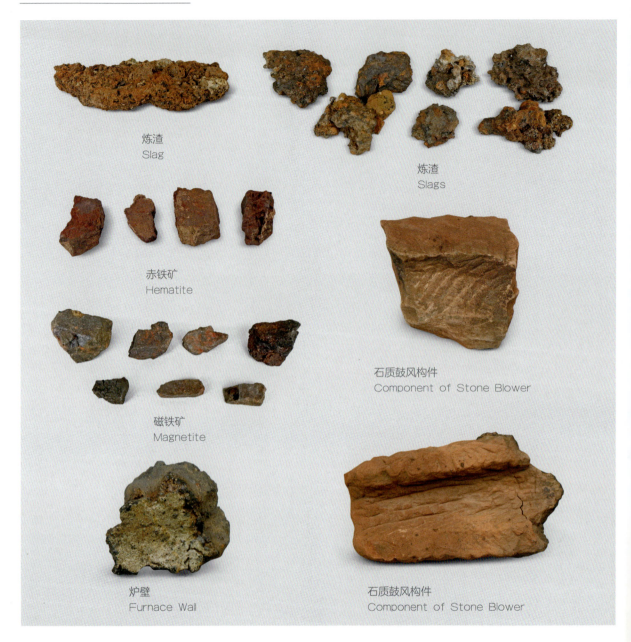

炼渣
Slag

炼渣
Slags

赤铁矿
Hematite

石质鼓风构件
Component of Stone Blower

磁铁矿
Magnetite

炉壁
Furnace Wall

石质鼓风构件
Component of Stone Blower

The Xiaonongchang (Small Farm) Iron Smelting Site is in Shilong Village, Furong Street, Wulong District, Chongqing City, situated on the secondary terrace at the intersection of Laopan River and Wu River. The site was used for smelting pig iron throughout the Ming Dynasty, involving mining, mineral processing, and smelting. From July to November 2023, the Chongqing Municipal Institute of Cultural Relics and Archaeology and Sichuan University jointly excavated the site, with an area of 1,000 sq m. Archaeologists uncovered many significant remains, including smelting furnaces, ore processing and roasting zone, and slag accumulation, and found smelting-related objects such as considerable slags, ores, stone blower components, and furnace wall. It is the earliest iron smelting site discovered in Chongqing, and the largest, best-preserved, and longest-occupied iron smelting site in Southwest China compared to its contemporaries. The excavation provides essential information for exploring the pig-iron smelting technology in the lower reaches of Wu River and the Chongqing region.

河南开封双龙巷明代街巷建筑遗址

ALLEYS AND ARCHITECTURAL REMAINS OF MING DYNASTY AT SHUANGLONG LANE IN KAIFENG, HENAN

双龙巷明代建筑遗址位于河南省开封市顺河区双龙巷步行街中段路北。遗址发现于2020年，其后，开封市文物考古研究院先后对遗址进行了两次大规模发掘，累计发掘面积约4500平方米，发现晚唐至明代不同历史时期的道路、建筑基址、灰坑、灶、排水设施等遗迹，其中尤以明末3条街巷及夹杂其间的11座院落基址保存最为完好，出土器物丰富，对于明代晚期中原地区城市社区组织结构、城市建筑形态及市民生活面貌等研究具有重要参考价值。

双龙巷遗址的田野考古工作可分为两个阶段：第一阶段为2020年7月至2021年3月，发掘区域为遗址西半部，发掘面积约2500平方米；第二阶段为2022年8月至2023年5月，发掘区域为遗址东半部，发掘面积约2000平方米。两次发掘所揭露的明代遗存连成一体，完整展现了明代开封城东部大片保存完好的街巷建筑遗存。

明末建筑遗存均开口于厚2.1~3.6米的明末淤积黏土层下，主要包括街巷道路3条、院落11座。

街巷建筑遗存平面布局（上为北）
Planning of Alleys and Architectural Remains (Top is North)

3 条街巷道路（编号 L2～L4）均分布于遗址东部，南北向，每两条道路间距基本相同，均为 16～17 米。L2 位于遗址最东部，路面坑洼不平，路面宽 1.6～1.85、路土堆积厚 0.2～0.35 米，土色呈深灰色，质地坚硬，包含物有砖瓦块、白灰颗粒、炭屑等。路面西半部沿道路走向开挖有一条宽约 0.3、深约 0.2 米的排水沟。L3 位于 L2 与 L4 之间，北端至 YL6 大门前中断，路面较平坦，路面宽 1.62、路土堆积厚约 0.3 米，土色呈深灰色，质地坚硬，包含物有少量砖瓦块、白灰颗粒、陶瓷片等。L4 位于 L3 西侧，路面两侧边缘略高，中间低洼呈沟渠状，路面宽约 4.5、路土堆积厚约 0.8 米，土色呈灰色或青灰色，质地坚硬，包含物主要有细碎砖瓦颗粒、细碎瓷片、骨骼、炭屑等。

11 座院落根据建筑遗存规格及分布规律，可分为东、中、西 3 个片区。

东区为中小型建筑区，沿 3 条街巷分布有院落 9 座，多呈四合院式布局，建筑规格一般，墙体均为砖基土坯结构。根据坍塌屋顶堆积可知，少数建筑为合瓦屋顶，其余应为茅草顶。室内地面大多为素土地面，少数使用青砖漫铺。该区域诸多院落中以 YL7 的布局、功能最为明晰，出土器物也较丰富。YL7 位于 L4 西侧，坐北朝南，前后两进院式布局，院内主要建筑有东厢房、西厢房、前厅、后室等，房屋主体均已坍塌，残存有墙基、苫背、瓦垄以及部分梁架等。东西厢房位于第一进院南部，形制、大小相同，均面阔 6.5、进深 4.1 米。东厢房室内出土木桌、木床、水缸、锡盆等器物，从房屋布置陈设判断，其性质为起居室。西厢房与东厢房相对，其性质为厨房。室内南部发现有砖砌双联灶 1 座，灶台南北通长约 1.6、东西宽约 0.9、高约 0.64 米。灶上仍残存铁锅 1 口，灶门朝东，火膛内壁用黄泥和碎砖垒砌，灶台南侧有东西向砖砌烟道。厢房北侧为前厅，坐北朝南，台基底座，厅前有廊道。台基高约 0.2、面阔（三间）9.5、进深 5.3 米。室内平铺青砖，用砖多为整砖。抬梁式屋架，合瓦屋顶。坍塌堆积内清理发现木门窗、陶楼式佛龛、琉璃珠装饰灯笼、瓷塑像、铜造像等。厅堂东侧有过道通往后院，后院主要建筑为后室。后室坐北朝南，面阔（三间）9.7、进深 4.2 米。该建筑残存四周墙基，墙基残高约 0.8 米，为砖块垒砌的夹心墙，用砖多为残砖，黏合剂为白灰。房门位于房屋南墙中部，门宽约 1 米，残存门槛、门枕等构件。室内无铺砖，可见明显踩踏面。室内清理发现有铁锅、灰陶盆、青花瓷碗等生活用品。

中区发现建筑基址 9 座，构成了 1 组占地面积较大、规格较高的多进式院落（YL10）。

YL7 全景（南—北）
Full View of Compound YL7 (S-N)

L4 北段（南—北）
Northern Section of Road L4 (S-N)

YL10 坍塌屋顶（南—北）
Collapsed Roof in Compound YL10 (S-N)

YL10F21 梁架彩绘木构件
Color-painted Wood Components of Rafters of House Foundation YL10F21

该院落坐北朝南，揭露部分可分为三进。第一进院由前门、东西厢房（F43、F44）、厅堂围合成四合院式布局，厅堂、厢房前有廊道，合瓦屋顶。东西厢房相对，形制、大小相同，面阔（三间）9.2、进深（两间）3.9 米。厢房北侧为一厅堂式建筑（F21），台基底座，台基高约 0.4、面阔（三间）10.3、进深（两间）6.7 米。室内青砖铺地，用砖多为整砖，柱础为方形石柱础，下有砖砌磉墩。厅堂东侧有耳房 1 间。厅堂南侧清理发现有坍塌屋顶 1 片，残存檩、椽、柱、枋、雀替、瓦、勾檐、滴水等构件，其中枋、檩等木构件彩绘卷草、花卉等纹饰。院内正中有南北向铺砖踏道，至厅堂西侧有过道可绕至第二进院。

第二进院有厢房（F22）、铺砖踏道、东跨院（F23）等遗存。厢房保存较差，仅可辨轮廓边界，面阔约9.2、进深约3.9米，屋顶形制不详。东跨院位于铺砖踏道东侧，平面呈长方形，西侧边缘有围墙，院内北部有坐北朝南建筑 1 座（F23）。建筑台基高约 0.5 米，南半部为月台，北半部为房址，面阔（三间）约10.5、进深约3.7米，四周墙基用砖多为残砖，合瓦屋顶，台基南侧坍塌有部分檩、椽、瓦等构件。

第二进院踏道北侧为第三进院，扰乱破坏较严重，仅发掘其南部，清理发现东西相对的厢房 2 座（F37、F38），进深约 4.25 米，面阔及屋顶形制不详。

西区建筑布局较杂乱，房屋形制普遍偏小且简陋，大多残存四周墙基及部分土坯墙体。墙基多为砖块垒砌的夹心墙，用砖多为残砖。

墙基以上为土坯墙体，土色呈灰色，质地稍硬，多气孔。土坯与墙基交界处垫有薄木片或稻草。该区域出土器物相较东区、中区明显偏少。

除街巷道路及院落遗存外，中区和东区洪水淤积层下还清理发现 10 具相对完整、姿态各异的人类骸骨，这些个体呈现非正常死亡和非正常埋葬的特征。人骨性别、年龄、病理等体质人类学鉴定工作正在持续进行中。

遗址两次大规模发掘共出土瓷、陶、铜、铁、锡、银、琉璃、石、玉、木、骨、贝等各类器物 3800 余件（套），根据使用功能差异可分为生活用具和建筑构件两大类。生活用具以陶瓷餐饮器皿、铜钱、陶瓷玩具、文房用品、供器等为主。陶瓷餐饮器皿以景德镇窑青花瓷碟、碗、杯、盘等占比较大；铜钱包括嘉靖通宝、万历通宝、泰昌通宝、天启通宝、崇祯通宝等；陶瓷玩具主要为素烧骰子、棋子及骨牌等；文房用品主要有石砚台、砚滴、水丞、印章等；供器有烛台、香插、香炉、陶瓷塑像、铜造像等。建筑构件数量相对较少，主要有勾檐、滴水、屋顶木构件等。

继开封御龙湾小区、永宁郡王府、大厅门小学等遗址后，双龙巷明代街巷建筑遗址的发掘再次印证了明末崇祯十五年（1642 年）洪水毁城的史实，反映了此次灾难事件波及范围之广、程度之惨烈。遗址大规模发掘所揭露的街巷建筑连成一片，院落沿街巷道路分布，布局紧凑且有规律，可作为研究明代晚期中原地区城市基层组织结构和城市建设风貌的典型案例。

（供稿：王三营　万军卫　魏成龙）

青花花鸟纹碗
Blue-and-white Bowl with Floral and Bird Design

青花莲池纹碟
Blue-and-white Saucer with Lotus Pond Design

青花花鸟纹碟
Blue-and-white Saucer with Floral and Bird Design

青花缠枝莲纹高足碗
Blue-and-white Stem Bowl with Interlaced Lotus Pattern

青花花卉纹执壶
Blue-and-white Ewer with Floral Pattern

五彩碗
Famille Verte Bowl

青花粉盒
Blue-and-white Powder Case

酱红釉高足杯
Red Brown Glazed Stem Cup

景德镇窑青釉瓶
Celadon Vases of the Jingdezhen Kiln

青白釉鱼形砚滴
Qingbai Fish-shaped Water Dropper

素三彩鹦鹉金桃杯
Three-cool-color Glazed (su sancai) Cup with Parrot and Golden Peach Design

德化窑白釉仙人塑像
White Glazed Immortal Statue of the Dehua Kiln

紫砂人物塑像
Purple Clay Figural Statue

铜罗汉像
Bronze Arhat Statue

铜造像
Bronze Statue

梅花纹骨牌
Domino Piece with Plum Pattern

The Shuanglong Lane Architectural Site of the Ming Dynasty is located north of the middle section of Shuanglong Lane Walking Street, Shunhe District, Kaifeng City, Henan Province. From July 2020 to May 2023, the Kaifeng Municipal Institute of Archaeology and Cultural Relics conducted two large-scale excavations of the site, with a total area of about 4,500 sq m. Three alleys and 11 architectural compounds interspersed among them are the most dominant discoveries, dating back to the late Ming Dynasty. They are well-preserved with distinct layouts and found abundant artifacts. A 2.1-3.6-meter-thick siltation layer overlaps the remains of the late Ming Dynasty, such as total collapsed roof rafters, daily necessaries in their original positions, and human skeletons in various postures, representing a realistic disastrous scene after flooding destroyed the city. The excavation places reference value on knowing the urban community and architectural planning and urban life in the Central Plains during the late Ming Dynasty.

山东威海
来远舰遗址

LAIYUAN CRUISER REMAINS IN WEIHAI, SHANDONG

来远舰遗址位于山东省威海市刘公岛海军公署正前方 500 米海域，面积约 2100 平方米，平均水深 6 米。来远舰为 1887 年北洋海军向德国伏尔铿船厂订购的装甲巡洋舰，全长 82.4 米，排水量 2900 吨，管带为邱宝仁。1894 年 9 月 17 日，来远舰随北洋舰队参与中日黄海海战，并在此战中受损严重，舺甲板被完全烧毁。1895 年初，中日再度爆发威海卫保卫战，1895 年 2 月 6 日，来远舰不幸被日军鱼雷偷袭命中而翻沉于威海湾里。战后不久，日本人中村新助取得来远舰的打捞许可，于 1895～1898 年持续进行打捞作业，导致军舰拆解殆尽。2017 年至今，在国家文物局的支持下，国家文物局考古研究中心、山东省水下考古研究中心、甲午战争博物院、威海市博物馆联合组队开展威海湾甲午沉舰遗址水下考古调查工作，陆续发现定远舰、靖远舰遗址。2023 年，开始对来远舰遗址进行水下考古调查，确认其埋藏位置与保存现状。

130 年以来，随着威海湾泥沙淤积，甲午沉舰遗址已被泥沙完全掩埋，湾内海床平坦，表

来远舰水下遗迹三维扫描图
3D Scan of the Underwater Remains of Laiyuan Cruiser

面无任何迹象。针对来远舰遗址的淤埋情况，本次调查采取物探勘测、人工钻探、考古清理等方法作业。磁力物探在遗址区发现三处磁力异常点，6 米水深磁力数值仅为 300～1400nt，表明钢铁体量不大，并残碎成三处；人工钻探按 10 米的间隔进行，钻孔深 3、孔间距 2 米，由此界定遗址分布在长 70、宽 30 米的范围内；考古清理在遗址区共布设探沟 3 条，揭露面积共计 480 平方米，采用负压式抽沙清淤设备，抽泥厚度最厚处达 3.5 米，平均抽深 2 米。

地层来自湾内泥沙沉降，基本呈水平状分布，表层厚 0.5～1 米为松软的黄褐色淤泥，易被抽走，泥层中偶见贝壳及渔网、瓶子、塑料袋等现代垃圾；其下即为黏性较强的灰褐色胶泥，较难抽开，此层泥中含有大量煤块、沉舰遗物及凝结物，为沉舰堆积层。沉舰区域之外则为较纯净的胶泥，来远舰因临近岸边，最表层还悬浮有一层薄浮泥。

在来远舰遗址中心区发现多处由各种舰材、生活物品、武器弹药等板结在一起的大小凝结块，呈散落状分布，舰体形态与走向无法辨明，整体呈现拆解时的废弃堆积状态。遗迹零乱，不同位置的遗物已完全移位并叠压在一起：木板残断零乱，种类包括甲板木、舱室壁板、家具板材等；钢板残碎扭曲，包括肋骨、防护钢板、外壳列板等部位的碎片。来远舰遗址的北部区

域还发现多条已折断的钢缆，为沉舰向北侧翻扣而断损泥中的桅杆绳缆。

沉舰遗址及地层中的遗物反映了清末北洋海军战舰及英国租借威海卫时期泊船锚地的时代特征。遗物夹杂在凝结块、煤渣、碎木板之中，此次共提取文物 1800 余件（含所有子弹数量），分骨、铜、铁、木、皮革、陶瓷等不同材质。常见遗物包括船肋钢板、舷窗盖、铆钉、钢缆、金属管件、耐火砖、木质壁板、船木甲板等舰用或舱室舾装构件；碗、盘、勺、皮鞋、纽扣、锁、水烟袋、麻将牌等生活类物品；引信、拉火管、手枪弹、步枪弹、哈乞开司炮弹等武器及弹药。新发现的文物有 120 毫米炮弹、腕式护手军刀、延时引信等。明确来远舰身份的文物共 3 件——1 把錾刻有"来远"的镀银汤勺、2 块水手身份木牌。身份木牌墨书"来远三等水手于盛元"和"来远一等水手张长发"，木牌背印一"行"字，此类身份木牌在大连经远舰、武汉中山舰中均有发现。经查，于盛元为山东荣成人，在威海卫保卫战中胳膊受伤，战后获得四十两银子的补偿，由此留下这一笔抚恤记录。

威海在近代地缘政治及海军军港方面都占据着重要地位，甲午战争结束后不久即被英国强租。遗址地层中还发现一批英租时期的遗物，包括欧洲风格瓷器、英军军服纽扣、玻璃瓶、牛骨（牛排食物）等，为英国强租威海卫时期

海底零乱的凝结块
Dispersed Agglomerates on the Seabed

停泊英舰的废弃物。来远舰在黄海海战时受损严重，故停泊在刘公岛码头临时泊船区。

考古调查还采集有威海湾内外的泥沙沉积数据，发现湾内为沉积环境，并由湾内向湾外输沙。结合日本战后打捞报告，可以还原沉舰遗址形成过程——军舰中鱼雷后进水发生倾覆，下沉触底并陷入海底软泥中，日本民间打捞公司用三年时间几乎将舰体全部拆解，海底残留下陷坑及拆解后的废弃堆积，其后130年，夏季暴雨携带周边山体大量泥沙注入湾内，历年泥沙沉降最终将沉舰埋于海床之下近1米深处。

截至2023年，所有遗址尚存的北洋海军主力沉舰通过水下考古工作都已得到确认和调查，填补了我国大型近现代钢铁沉舰类遗址的水下考古空白，探索出一套实践可行的沉舰考古与保护方法。此次来远舰遗址调查，出水的120毫米炮弹确证了甲午海战之前临时加装艉部火力的传言，木质登舰舷梯上残留的高温烫焦痕迹证实黄海海战中弹起火以及未完全修复的记载，保存完好的英国样式的海军军官佩刀、皮鞋、

铜质纽扣等为研究北洋海军制式装备提供了宝贵资料。历年甲午沉舰的考古成果，对于推进甲午海战与清末海防研究、沉舰遗址原址保护等均发挥了重要作用。

（供稿：周春水　王泽冰）

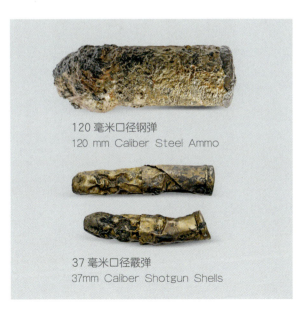

120 毫米口径钢弹
120 mm Caliber Steel Ammo

37 毫米口径霰弹
37mm Caliber Shotgun Shells

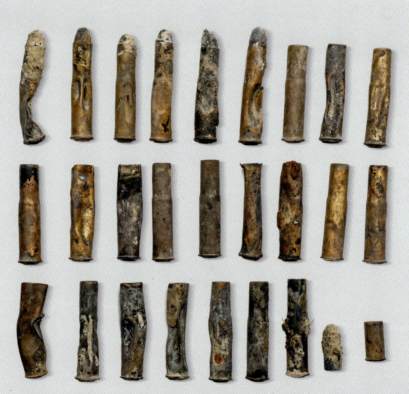

毛瑟步枪子弹
Mauser Rifle Bullets

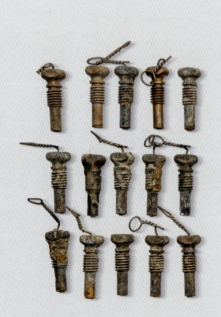

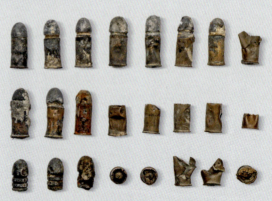

手枪子弹
Pistol Bullets

大炮的拉火管
Ignition Tubes of Cannon

37 毫米口径穿甲弹头
37 mm Caliber Armor-piercing Shells

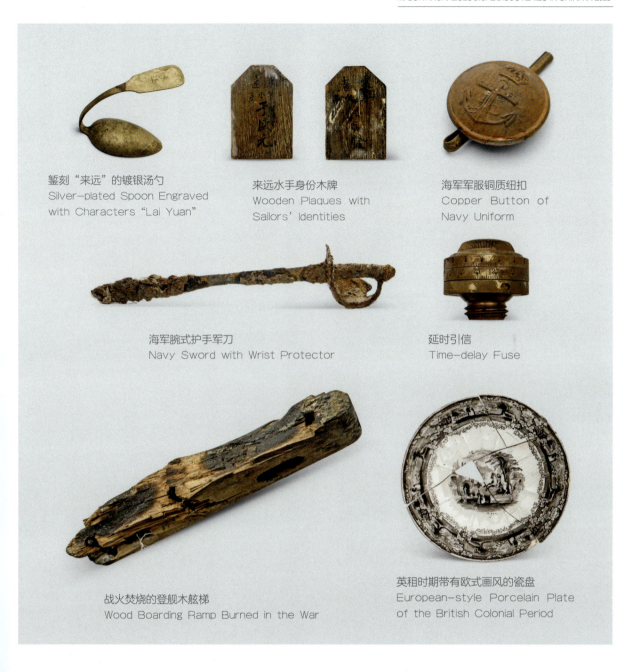

錾刻"来远"的镀银汤勺
Silver-plated Spoon Engraved
with Characters "Lai Yuan"

来远水手身份木牌
Wooden Plaques with
Sailors' Identities

海军军服铜质纽扣
Copper Button of
Navy Uniform

海军腕式护手军刀
Navy Sword with Wrist Protector

延时引信
Time-delay Fuse

战火焚烧的登舰木舷梯
Wood Boarding Ramp Burned in the War

英租时期带有欧式画风的瓷盘
European-style Porcelain Plate
of the British Colonial Period

The Laiyuan Cruiser remains found in the sea area in front of the Liugong Island Tourism Wharf in Weihai City, Shandong Province, covering an area of around 2,100 sq m. In 2023, the Archaeological Research Center of the National Cultural Heritage Administration and local cultural institutions of Shandong conducted a joint underwater survey of the remains and excavated a 480 sq m area. Abundant wooden boards, steel sheets, and agglomerates were found at the original location of the shipwreck on the seabed, implying that the cruiser hull was totally destroyed. More than 1,800 artifacts were discovered, including weapons and ammunition, shipbuilding materials, and daily necessities, as well as a silver-plated spoon to help the "Laiyuan" being identified and wooden plaques written in ink with sailors' identities. This underwater project displays a prototype of archaeological methods for large steel sunken warships and deepens the study of the naval battle of the First Sino-Japanese War.